GERMOGLI

Il CISE, Centro per l'Innovazione e lo Sviluppo Economico,
ha attribuito al Gruppo Editoriale Macro, il marchio di Impresa Etica

DELLA STESSA **Autrice**

ERBA DI GRANO. Tutto quello che devi sapere su: come coltivarla, le ricette, le proprietà ringiovanenti, i benefici per la salute

ALTRI TITOLI PUBBLICATI DAL **Gruppo Editoriale Macro**

Silvia Strozzi, **GERMOGLI APPETITOSI.** Ricette, Curiosità e Approfondimenti

Norman Walker, **LA SALUTE DELL'INTESTINO - IL COLON**
Norman Walker, **SUCCHI FRESCHI DI FRUTTA E VERDURA.**
Ingredienti e proprietà nutritive per migliorare la salute e risolvere disturbi e malattie - Tabelle nutrizionali - Un esclusivo Prontuario Succhi/Malattie
Norman Walker, **GUIDA ALLA DIETA VEGETARIANA.** Con 70 ricette appetitose

Bernard Jensen, **INTESTINO LIBERO.** Curarsi e purificarsi con l'igiene intestinale
Bernard Jensen, **DISINTOSSICATI E RECUPERARE LA SALUTE IN 11 GIORNI**

Victoria Boutenko, **LE VIRTÙ TERAPEUTICHE DEI FRULLATI VERDI.** Come prevenire: depressione, obesità, colesterolo alto, infezioni respiratorie, malattie cardiovascolari, infiammazioni, disturbi intestinali, ecc.

Simona Oberhammer, **CURARSI CON ACQUA E LIMONE.**
Metodo Naturopatia Oberhammer

Nicole Boudreau, **LA TERAPIA DEL DIGIUNO.**
Uno straordinario rimedio naturale per disintossicarsi e ringiovanire

Alice Beringer, **ALOE VERA.** Belli e sani in modo naturale con l'estratto puro di Aloe Vera (Nuova edizione tascabile)

Jackie Habgood, **GUIDA ALLE COMBINAZIONI ALIMENTARI.**
Il manuale più semplice e pratico per scegliere cosa mangiare
(Nuova edizione tascabile)

Stefano Pravato, **GUARIRE CON LA VITAMINA C.**
Malattie curate, effetti benefici, tipologie e modalità di assunzione

Albert Mosséri, **ERNIA, EMORROIDI, VARICI E PROLASSI.**
Come Guarire Senza Farmaci od Operazioni Chirurgiche
(Nuova edizione tascabile)

Paolo Giordo, **CURARE I REUMATISMI CON METODI NATURALI**

Roberto Marrocchesi, **I RIMEDI NATURALI PER DEPURARE E CURARE IL FEGATO**

Andreas Moritz, **GUARIRE IL FEGATO CON IL LAVAGGIO EPATICO.**
Il trattamento naturale più efficace per eliminare i calcoli e ritrovare il benessere attraverso la depurazione

Sven-Jorg Buslau, Corinna Hembd, **ECHINACEA.**
La straordinaria pianta che cura le infezioni, le malattie respiratorie e i più comuni disturbi

Raul Vergini, **CURARE LA TIROIDE.**
Scopri come riconoscere e trattare in maniera naturale l'ipotiroidismo

Klaus Oberbeil, **IL POTERE DEGLI OMEGA 3.**
I grassi che fanno bene. Gli acidi grassi essenziali alla nostra salute
(Nuova edizione tascabile)

Elaine Gottschall, **INTESTINO SANO CON LA DIETA DEI CARBOIDRATI SPECIFICI.**
L'alimentazione ottimale per: autismo, celiachia, colite ulcerosa, diarrea, diverticolite, fibrosi cistica, malattia di Crohn. 100 Squisite Ricette.

Ann Wigmore

GERMOGLI

Tutto quello che devi sapere su:
COME COLTIVARLI, LE RICETTE, I PRINCÌPI NUTRITIVI I BENEFÌCI PER LA SALUTE

MACRO EDIZIONI

www.gruppomacro.com

AVVERTENZA

Macro Edizioni non dispone di notizie o dati diversi da quelli qui pubblicati. Le informazioni scientifiche, sanitarie, psicologiche, dietetiche e alimentari fornite nei nostri libri non comportano alcuna responsabilità da parte dell'editore circa la loro efficacia e sicurezza in caso di utilizzo da parte dei lettori. Ognuno è tenuto a valutare con buonsenso e saggezza il percorso psicologico, curativo e nutrizionale più appropriato. Ognuno è tenuto ad assumere tutte le informazioni necessarie, confrontando rischi e benefici delle diverse terapie e regimi dietetici disponibili.

Il Gruppo Editoriale Macro mantiene e sviluppa la sua attenzione verso l'ambiente e lo fa con modalità sempre più concrete, coerenti e sostenibili. Stampiamo i nostri libri, dvd, riviste, cataloghi e depliant in Italia su carta riciclata, utilizzando inchiostri ecologici. Acquistando uno dei nostri prodotti contribuirai a sostenere il progetto della Fattoria dell'Autosufficienza (www.autosufficienza.com), un'isola autosufficiente dal punto di vista alimentare ed energetico che si pone l'obiettivo di sensibilizzare istituzioni, imprese e comunità al fine di rendere sempre più sostenibile la vita sul nostro pianeta. Grazie al suo impegno nell'ottica di un sempre minore impatto ambientale, il Gruppo Editoriale Macro è riconosciuto da Greenpeace come editore Amico delle Foreste.

Per maggiori informazioni su quest'autore e sulla stessa collana visitate il nostro sito
www.gruppomacro.com

Titolo originale: The Sprouting Book

pubblicato in lingua originale da Avery a member of Penguin Group (USA)
penguin.com

coordinamento editoriale	Sara Broccoli
revisione	Valerio Pignatta
traduzione	Paola Barberis
editing	Mariella Alunni, Valentina Pieri
copertina	Matteo Venturi
stampa	Tip. Lineagrafica, Città di Castello (PG)

Collana "I Macro Tascabili del Benessere" a cura di Valerio Pignatta
I edizione giugno 2015

un marchio del Gruppo Editoriale Macro
Via Giardino, 30 - 47522 Cesena (FC)
ISBN 978-88-6229-757-8

SUSTAINABLE WOOD FOREST
La cellulosa utilizzata per la produzione della carta su cui sono stati stampati gli interni di questo libro proviene da foreste amministrate.

CARING FOR NATURE
La cellulosa utilizzata per la produzione della carta su cui sono stati stampati gli interni di questo libro è sbiancata senza utilizzo di cloro (ECF). Questa carta è riciclabile.

Gli inchiostri utilizzati per stampare questo libro non contengono composti organici volatili, sono esenti da oli minerali e sono con base vegetale, ambientalmente compatibile.

Prefazione

Economici e facili da coltivare, i germogli rappresentano una delle fonti più concentrate e al tempo stesso veramente naturali di vitamine, minerali, enzimi e amminoacidi (proteine) che si conoscano. Sono anche *biogenici* – ossia vivi – e in grado di trasferire la propria energia vitale nel nostro organismo.

I cibi biogenici sono tali quando, una volta piantati, sono in grado di creare nuova vita. Tutti i semi, i legumi, i cereali e i semi oleosi – quando sono crudi e non germinati – sono alimenti biogenici. Se li si consuma quando sono germinati, forniscono all'organismo una forma di energia viva: un insieme di fattori alimentari vitali che non sono ancora stati isolati dagli scienziati, ma il cui valore nutritivo è dimostrato ogni giorno nel laboratorio della natura.

Altri alimenti importanti, come la verdura e la frutta fresca (non sottoposta a cottura) sono considerati *bioattivi*. Ciò significa che sono ricchi di sostanze nutritive naturali come vitamine, minerali, proteine ed enzimi vivi e possono contribuire a un maggiore benessere, ma non sono in grado di creare nuova vita.

All'estremo opposto ci sono gli alimenti trasformati, denaturati e cotti, da cui a mio avviso l'uomo moderno è diventato del tutto dipendente. In uno stile di vita basato sugli alimenti vivi, il mio consiglio è di consumare quelli cotti raramente o, se possibile, di evitarli del tutto.

Circa trentacinque anni fa cominciai a cercare gli alimenti o le combinazioni di ingredienti naturali in grado di rigenerare e di ringiovanire il mio organismo provato dalla malattia. Avevo sofferto per anni di problemi di digestione che erano poi sfociati in colite, una forma di irritazione intestinale accompagnata da emorragia. Inoltre, l'artrite cominciava a irrigidire le mie giunture, e i miei capelli stavano diventando grigi.

Riuscii a trovare ciò che stavo cercando, e molto di più: un alimento a base vegetale coltivabile in casa in qualsiasi clima e pronto per il consumo nel giro di pochi giorni, invece che nei 50-130 giorni richiesti per la coltivazione della frutta e della verdura. Un alimento poco costoso in grado di competere con le carni rosse e con i prodotti ortofrutticoli in valore nutritivo, un cibo che non richiede alcun tipo di trasformazione o preparazione, facilmente digeribile anche per chi ha una digestione difficile. L'alimento cui approdai erano i semi, i legumi, i cereali e i semi oleosi germogliati (un resoconto più dettagliato della mia ricerca di alimenti sani a base vegetale è contenuto nella mia autobiografia, *Why suffer?* [Perché soffrire?; *N.d.T.*]).

Quando mangiamo un germoglio, ciò che ingeriamo è una pianta in miniatura che è al tempo stesso facilmente digeribile e al massimo del suo valore nutritivo. Quando cerca di crescere e diventare una pianta adulta, il seme rilascia tutte le sostanze nutritive che ha immagazzinato in un'esplosione di vitalità. Se si mangia un germoglio, si ricava il meglio di quanto il seme – che si tratti di ravanelli, di alfalfa o di qualsiasi altra varietà commestibile – ha da offrire in termini di nutrizione.

Da più di trentacinque anni conduco corsi della durata di due settimane nel mio centro per la salute di Boston e tengo conferenze in tutto il mondo: ho insegnato a decine di migliaia di persone come gestire la propria dieta e migliorare la propria salute grazie alla mia Dieta degli alimenti vivi. Si tratta di una dieta naturale a base di alimenti crudi come germogli, verdure a foglia verde, ortaggi e frutta fresca, vegetali di origine marina e prodotti fermentati in maniera naturale. Negli anni, questo regime alimentare ha acquistato una sempre maggiore popolarità ed è diventato la base di uno stile di vita autenticamente sano e naturale.

Vero e proprio fulcro della Dieta degli alimenti vivi sono i germogli e le pianticelle che si coltivano in casa. Di fatto, fino al 50% del cibo servito alla Ann Wigmore Foundation consiste di germogli freschi e pianticelle crude, tutti coltivati nella nostra sede. Io stessa mi nutro da più di vent'anni prevalentemente di semi, legumi, cereali e semi oleosi germogliati, una dieta che mi ha permesso non solo di guarire dalla colite e dall'artrite, ma anche di conseguire un livello di salute e vitalità superiore persino a quello della mia infanzia, e a settantasette anni non sono certo un'infante. Anche i miei capelli sono tornati del loro castano naturale!

I germogli sono il cibo di una nuova generazione, e al tempo stesso della nostra *ri*generazione. In questo libro vi rivelerò i "segreti" del mio successo nella coltivazione e nell'impiego dei germogli per ottenere una salute migliore.

Il Capitolo 1 comincia ricostruendo la storia dei germogli e del loro uso alimentare nel corso dei secoli. Il secondo tratta del valore nutritivo di vari tipi di germogli. Il Capitolo 3 si concentra sulle virtù terapeutiche di questi alimenti. L'aspetto economico è analizzato su scala personale e globale nel Capitolo 4. I Capitoli 5-8 danno indicazioni su come coltivare e consumare germogli che abbiano un aspetto e un sapore migliore possibile. Il Capitolo 5 elenca i diversi tipi di semi da acquistare per la germogliazione e fornisce consigli per selezionarli. Il Capitolo 6 contiene istruzioni complete per realizzare un orto domestico in base a diversi metodi, e il Capitolo 7 illustra come coltivare anche pianticelle da consumare in insalata all'interno della vostra abitazione.

Nell'ottavo capitolo troverete molte squisite ricette a base di germogli, dalle cialde croccanti ai sostanziosi antipasti vegetariani fino ai diversi tipi di latte e gelato di origine vegetale. Imparerete così a utilizzare i germogli per stuzzicare anche i palati più esigenti, offrendo al tempo stesso un'occasione di salute migliore. Il Capitolo 9 presenta due ulteriori aspetti dello stile di vita basato sui germogli: come coltivarli mentre si è in viaggio o in campeggio e come utilizzarli per migliorare la salute dei propri animali domestici.

Non è necessario essere fanatici per gustarne il sapore e apprezzarne i benefici per la salute. La sola aggiunta di qualche cucchiaio di germogli alla vostra dieta giornaliera farà una grossa differenza per il vostro benessere. I germogli possono entrare a far parte di qualunque stile di vita: sono ideali per chi è a dieta, per i bambini durante la crescita, per gli anziani, per gli atleti, per i vegetariani, per chi ha una vita intensa e a volte non mangia in modo adeguato, e per chiunque desideri avere una salute e un aspetto migliori.

Sotto più di un profilo, i germogli sono il cibo di una nuova generazione. Siete pronti anche voi a godere dei vantaggi economici, di una nuova salute, di un rinnovato vigore e ad assaggiare la varietà e il magnifico sapore dei germogli, questi alimenti straordinari che danno la vita?

Alimenti vivi e nutrienti

Capitolo 1

Medicina antica, cibo moderno

«I semi germinati e germogliati
sono alimenti istintivi e primordiali dell'umanità,
con molti milioni di anni di affinità filogenetica [evolutiva]».

EDMOND SZEKELY

La storia dei vari modi in cui i germogli sono stati utilizzati dall'umanità è affascinante. Decine e decine di culture, in Oriente come in Occidente, ne hanno fatto uso nella dieta e nella medicina: il loro impiego è ancora più antico della Bibbia. In questo capitolo tratteremo alcuni degli usi che i popoli tradizionali ne hanno fatto nel tempo per arrivare fino ai giorni nostri, e ne ricostruiremo la recente fortuna in America e nel mondo occidentale.

Dai manoscritti antichi apprendiamo che intorno al 3000 a.C. i cinesi consumavano regolarmente i germogli di vari tipi di legumi. In quell'epoca, l'imperatore della Cina ne aveva riportate le virtù terapeutiche in un libro dedicato alle erbe medicinali: vi indicava che questi germogli erano in grado di curare i più diversi disturbi, fra cui aerofagia, perdita delle sensazioni nervose, crampi muscolari, problemi di digestione e debolezza polmonare.

Alla fine del Sedicesimo secolo, anche il *Pen Ts'ao Kang Mu* di Li Shih Chen, un'opera completa sui preparati e sulle erbe medicinali cinesi la cui stesura aveva richiesto più di ventisei anni, trattava delle virtù terapeutiche dei germogli. Chen ne consigliava l'impiego per ridurre le infiammazioni, per ottenere un effetto lassativo, per curare l'idropisia e i reumatismi e per sviluppare e tonificare il corpo.

Ancora oggi i cinesi e altre popolazioni dell'Estremo Oriente fanno germogliare i fagioli mung, gli azuki, la soia, il frumento e l'orzo e li consumano quotidianamente.

Nel suo libro *Healthy hunzas* [Il popolo sano degli Hunza; *N.d.T.*], John Tobe riferisce che i longevi abitanti di quella montuosa regione asiatica usano i germogli per sopravvivere nei lunghi e rigidi inverni. In primavera, prima della maturazione del raccolto e dopo aver consumato gran parte delle provviste, gli Hunza ricorrono ai germogli come fonte di vitamine, di enzimi e di energia.

In Occidente, nel Diciottesimo secolo, il capitano James Cook, navigatore britannico, fu il primo a verificare le proprietà terapeutiche dei germogli contro lo scorbuto, una malattia causata dalla carenza di acido ascorbico (vitamina C) che inizialmente si manifesta con una minor resistenza alle infezioni e una tendenza a frequenti emorragie. Nei casi gravi porta a debilitazione, perdita di peso, dolore e gonfiore alle giunture, sanguinamento delle gengive, allentamento dei denti ed emorragie sottocutanee. Cook e il suo equipaggio utilizzarono un malto speciale che ottennero cuocendo legumi germogliati a calore molto ridotto per periodi prolungati. In seguito, il capitano Cook solcò i mari per oltre tre anni senza perdere un solo uomo a causa di questa devastante malattia.

Fino al viaggio di Cook, quasi tutte le navi che salpavano per traversate di lunga durata perdevano in media metà dell'equipaggio per le epidemie di scorbuto. La marina britannica adottò varie misure nel tentativo di sconfiggere la malattia, fra cui la coltivazione di orti sul ponte delle navi, e la preparazione di vari tipi di birra non pastorizzata, metodo quest'ultimo che fu causa di più di un errore di navigazione! E una volta scoperto che anche un agrume come il limone era in grado di prevenire lo scorbuto, il miscuglio a base di germogli del capitano Cook fu presto dimenticato.

La minaccia dello scorbuto continuò a incombere nei secoli successivi. Le condizioni delle truppe britanniche e indiane in Mesopotamia durante la prima guerra mondiale attirarono l'attenzione dei ricercatori, che trovarono una soluzione semplice ma efficace. Sapendo che gli ortaggi, le verdure a foglia verde e i legumi una volta essiccati non erano più in grado di prevenire la malattia, provarono a sperimentare con i germogli freschi di fagioli e di piselli. Se trasportare al fronte verdure fresche o limoni era un'impresa quasi impossibile, la produzione di germogli era invece abbastanza praticabile.

Un medico britannico di nome John Wiltshire mise alla prova i limoni e i legumi germogliati per verificare quale dei due alimenti fosse in grado di curare lo scorbuto in tempi più rapidi e con minor dispendio di denaro e di energia. Il suo esperimento prevedeva la cura di sessanta pazienti affetti da scorbuto in un ospedale serbo. A un gruppo vennero somministrati ogni giorno circa 120 g di succo fresco di limone, mentre l'altro ricevette circa 120 g di semi di fagiolini germogliati. Il succo e i germogli avevano lo stesso contenuto di vitamina C. Nel giro di un mese, i pazienti curati con i germogli rivelarono un più alto indice di guarigione rispetto a quelli curati con il limone. Inoltre, la somministrazione della terapia a base di germogli si rivelò meno dispendiosa. Quando l'esperimento giunse al termine con la dimissione di tutti i sessanta pazienti, il medico segnalò l'impiego di legumi germogliati come metodo più semplice ed economico per prevenire lo scorbuto in un ospedale da campo.

In India, nel 1938, le ingenti perdite di raccolti e la carenza di cibo causarono migliaia di morti da scorbuto e carestia. Fu solo nel gennaio del 1940 che il governo annunciò un piano mirato a risolvere il problema. Ognuno dei 200.000 soggetti coinvolti nel programma riceveva due volte alla settimana 30 g di chicchi di grano o ceci germogliati ed essiccati. Dopo quattro mesi di somministrazione non risultavano più casi di scorbuto, e alla fine di aprile il programma fu dichiarato non più necessario. Tuttavia, alla fine del settembre 1940 – nei cinque mesi successivi al termine del programma – si registrarono ancora oltre mille decessi in più rispetto all'anno precedente a causa dello scorbuto. Nel gennaio del 1941 il programma di razionamento dei germogli fu reintrodotto, questa volta a favore di 140.000 soggetti. E ancora una volta i casi di scorbuto diminuirono drasticamente fino ad azzerarsi nel giro di quattro mesi.

Oltre a fornire una quantità di vitamina C sufficiente a prevenire lo scorbuto, i germogli hanno un contenuto proteico tale da garantire il mantenimento della salute. Nel corso della seconda guerra mondiale, il dottor Clive McCay della facoltà di Scienza della nutrizione della Cornell University fu uno dei ricercatori che tentarono di individuare fonti proteiche alternative per la popolazione americana. Si temeva che la guerra potesse causare carenza di carne, pollame, latticini e di altre proteine di base come era successo in Europa. L'alternativa che il dottor McCay propose alla fine della sua ricerca furono i semi, i legumi e i cereali germogliati, specialmente i fagioli di soia, dall'alto contenuto proteico. Così il governo degli Stati Uniti lanciò una campagna per insegnare agli americani a coltivare e utilizzare i germogli. L'Ufficio tipografico governativo pubblicò e distribuì libri e ricettari in tutto il territorio statunitense. La carenza di proteine però non si sarebbe mai verificata, e già nel 1945 quasi nessuno ricordava più l'importanza dei germogli.

Se il loro uso non si è diffuso in tempo di guerra, recentemente i germogli hanno acquistato una maggiore popolarità. In base a uno studio di O.B. Hesterman e L.R. Teuber, entrambi ricercatori presso l'Università della California a Davis, gli americani ne stanno consumando più che mai in precedenza. In California, affermano i due scienziati, fra il 1970 e il 1979 il consumo di germogli di alfalfa è aumentato di diciassette volte. I coltivatori californiani ne producono più di cinquemila tonnellate l'anno, e questa cifra non dà conto delle numerose coltivazioni in proprio.

Oggi i germogli sono acquistabili in quasi tutti i supermercati e hanno contribuito alla diffusione dei buffet di insalata nei ristoranti. Negli ultimi tempi li si comincia a vedere anche nei sandwich delle principali catene di fast food. Ovunque, nel Paese, nascono nuove aziende specializzate nella coltivazione di germogli, alcune delle quali ne producono più di otto tonnellate al giorno, per un fatturato superiore a un milione e mezzo di dollari l'anno. Il mercato offre svariati tipi di germogliatori manuali e automatici ad uso domestico, e c'è addirittura una rivista, «The Sproutletter», dedicata quasi interamente all'informazione dei lettori che desiderano dedicarsi a questa coltivazione.

Sin dagli anni Cinquanta, quando cominciai a promuovere l'impiego dei germogli negli Stati Uniti e all'estero, sono nate molte organizzazioni con l'intento di diffondere questo messaggio alimentare. Alla Ann Wigmore Foundation riceviamo ogni settimana decine e decine di lettere di persone interessate alla coltivazione dei germogli e allo stile di vita basato su questi alimenti.

Pubblicizzati per molti anni come "cibo del futuro" anche dai nutrizionisti conservatori, è ormai chiaro che i germogli si sono affermati e non sono un fenomeno passeggero. Il motivo è semplice: pochi alimenti richiedono un investimento così ridotto di tempo, energia e denaro e forniscono un'alimentazione tanto ricca. Se usati in abbondanza, i germogli hanno il potere di mantenere il corpo giovane, fornendo alle cellule un nutrimento di alta qualità e contribuendo a depurarlo dalle scorie tossiche.

Nel Capitolo 2 cominceremo ad analizzare i motivi per cui i germogli sono così benefici per la salute, concentrandoci dapprima sul loro valore nutrizionale.

Capitolo 2

Da seme ad alimento nutriente

«Il seme che germina rappresenta una macchina che produce proteine a ciclo continuo [...] insieme alle vitamine e ai minerali necessari alla loro assimilazione e al loro utilizzo».

DOTTOR JEFFREY BLAND
biochimico, Università di Puget Sound

Alla base del concetto di alimento vivo c'è il seme. Pieno delle sostanze nutritive di cui la pianta ha bisogno durante la crescita e ricco di enzimi vitali, il seme è il nucleo stesso della vita. Tutta l'energia e la vita di una pianta si concentrano nella produzione dei semi. Ogni singolo seme contiene vitamine, minerali, proteine, grassi e carboidrati (amidi) di riserva, in attesa dell'ambiente adatto per cominciare a crescere. In presenza di aria, acqua, e di una temperatura adeguata, si compie un vero miracolo. Quando il seme germina, si libera un'incredibile flusso di energia: ecco allora che si verificano cambiamenti chimici naturali e si producono enzimi per convertire le sostanze nutritive immagazzinate nel seme in quelle necessarie alla crescita della pianta.

Con il progredire del processo di germogliazione, i carboidrati vengono trasformati dall'azione degli enzimi in zuccheri semplici. Le proteine complesse si convertono in amminoacidi più semplici e i grassi si trasformano in acidi grassi, composti solubili di facile digestione. Durante la germogliazione, la vitamina C, di cui, come nel caso di altre vitamine, il seme contiene solo tracce, viene prodotta in quantità più abbondanti. Inoltre i germogli assorbono dall'acqua utilizzata per coltivarli e sciacquarli minerali e oligoelementi vitali per la crescita della pianta. A ciò si aggiunga che i minerali presenti nei germogli sono chelati, il che significa che allo stato naturale sono legati chimicamente agli amminoacidi, e perciò facilmente assimilabili dall'organismo umano.

Enzimi e fattori alimentari vitali nei germogli

Durante il processo di germogliazione gli enzimi vengono fortemente attivati. Già pochi minuti dopo che i semi freschi non ancora germinati sono stati messi in ammollo nell'acqua, gli enzimi cominciano a trasformare i giovani germogli in cibo facilmente digeribile per gli esseri umani. Nei germogli, come in altri alimenti crudi, tutte le sostanze nutritive cooperano in naturale armonia ed equilibrio per essere utilizzate in modo ottimale dall'organismo umano. La cottura distrugge questo equilibrio spezzando la disposizione molecolare dei nutrienti. A temperature superiori ai 40 °C gli enzimi, così come la maggior parte delle vitamine contenute negli alimenti, vengono distrutti. I minerali contenuti nei cibi cotti non sono più chelati e sono perciò più difficilmente utilizzabili dall'organismo. Anche le proteine vengono danneggiate dalla cottura, perché si sbilanciano i rapporti fra gli amminoacidi. Gli alimenti proteici cotti (specialmente quelli di origine animale come le carni rosse o le uova) tendono a putrefarsi e a decomporsi producendo scorie tossiche che devono essere eliminate dall'organismo mediante i reni. Le proteine che si ricavano dai germogli e da altri alimenti crudi producono invece meno sostanze tossiche durante la digestione.

Oltre agli enzimi, che sono un prezioso aiuto per la digestione, i germogli contengono quelli che io definisco *fattori alimentari vitali*: le correnti di energia che fluiscono in tutti gli organismi vivi e che li differenziano da quelli morti. Se sono pochi i dati scientifici che ci informano su come e perché i fattori alimentari vitali contenuti principalmente nei germogli e in altri alimenti vivi hanno effetto sulla salute umana, la mia esperienza personale e l'osservazione di altre migliaia di soggetti indicano la loro sorprendente capacità di rigenerare le cellule e i tessuti dell'organismo. I fattori alimentari vitali dei germogli e di altri alimenti vivi vengono rilasciati dalle cellule vegetali durante il processo della masticazione e della digestione, e diventano così utilizzabili per la rigenerazione dell'organismo umano.

I germogli sono biogenici, cioè sono vivi. Ed è mia convinzione che una montagna di alimenti cotti non può fare per la guarigione e la rigenerazione dell'organismo ciò che un singolo seme germogliato è in grado di operare. Immaginate un contadino che cuocia i semi prima di seminarli! E del resto, riuscite a pensare a un solo alimento compreso nella vostra dieta attuale che sia in grado di germogliare, crescere e creare una nuova vita, una volta piantato? I cereali, i legumi e le verdure, se sono cotti, non servono allo scopo, e nemmeno i cibi di origine animale come la carne, le uova e il formaggio. Solo i semi, i cereali, i semi oleosi e i legumi, se crudi e germinati, ci possono trasmettere la loro energia vitale.

Amminoacidi (proteine) nei germogli

Le proteine vegetali sono proteine della miglior qualità in assoluto, e i germogli ne sono ricchissimi. Sono proteine facilmente utilizzabili dall'organismo, hanno un basso contenuto di grassi e non contengono grassi saturi o colesterolo. Invece, le proteine degli alimenti di origine animale sono in genere associate a grandi quantità di grassi potenzialmente dannosi e sono più difficilmente assimilabili dall'organismo. Gli alimenti di origine animale, specialmente dopo la cottura, tendono a produrre scorie tossiche, quando vengono scomposti nel corso della normale digestione.

Fra i germogli, le lenticchie sono la più ricca fonte di proteine di alta qualità: 500 g di lenticchie germogliate contengono circa 58 g di proteine, quantità più che sufficiente a coprire la dose giornaliera ufficialmente consigliata per un maschio adulto!

Le proteine sono costituite da componenti più semplici detti amminoacidi. Gli amminoacidi essenziali sono otto: isoleucina, leucina, lisina, metionina, fenilalanina, treonina, triptofano e valina, sostanze che l'organismo deve sintetizzare dalle proteine che ingeriamo con i cibi. Quando questi otto amminoacidi non vengono forniti dalla dieta, l'organismo non è in grado di rigenerare adeguatamente le proprie cellule e insorgono i primi sintomi di carenza. In realtà, gli altri quattordici amminoacidi sono altrettanto essenziali, ma l'organismo li può formare in modo autonomo.

Gli amminoacidi agiscono sulle cellule del sangue e dell'organismo nel processo di auto-rigenerazione che ci ringiovanisce e ci prolunga la vita. Sono importanti per così tante funzioni fisiologiche e sistemi dell'organismo che sarebbe impossibile elencarli tutti. Possiamo riassumerne gli effetti affermando che sono essenziali per una buona digestione e assimilazione degli alimenti, per il rinnovamento delle cellule, per l'immunità dalle malattie, per la guarigione rapida delle ferite e per una corretta funzione epatica.

La carenza di un solo amminoacido può determinare allergie, bassi livelli di energia, digestione difficile, riduzione delle difese immunitarie e invecchiamento precoce. La reintegrazione dell'amminoacido mancante può, con altrettanta facilità, attivare una completa inversione dei sintomi.

Gli amminoacidi sono presenti in abbondante varietà in tutti gli alimenti vivi. I semi, i legumi, i cereali e i semi oleosi germogliati forniscono una gamma completa di proteine, garantiscono cioè l'apporto di tutti e otto gli amminoacidi essenziali; è comunque consigliabile consumare una grande varietà di germogli, poiché ogni tipo ne contiene in diversa proporzione.

In breve, gli amminoacidi forniti dai germogli possono fare la differenza fra una salute passabile con livelli di energia inferiori alla media e un benessere e una vitalità totali.

Vitamine nei germogli

La questione riguardante la necessità di assumere integratori alimentari, comprese le vitamine, è alla base di un animato dibattito, ma senza che ve ne sia un vero motivo. Le vitamine sono sostanze nutritive essenziali, capaci di regolare le reazioni chimiche dell'organismo. Contribuiscono a rendere accessibile alle cellule dell'organismo l'energia presente negli alimenti. E quando si consumano abbondanti quantità di germogli e di alimenti vivi, si ha un apporto copioso di tutte le vitamine necessarie alla salute.

La maggior parte degli integratori vitaminici è sintetizzata a partire dal catrame di carbon fossile e da altri derivati del petrolio. Anche se queste vitamine possono sembrare chimicamente identiche a quelle naturali, è probabile che abbiano solo una minima parte della loro attività biologica, e che siano perciò degli scadenti surrogati delle sostanze omologhe presenti in natura. Inoltre, gli integratori sintetici potrebbero anche avere effetti addizionali dannosi. I produttori di integratori vitaminici avvertono che un ampio dosaggio di preparati a base di vitamine A, del complesso B, C, D e E possono avere effetti negativi sulla salute.

Le vitamine contenute nei germogli freschi e in altri alimenti vivi sono completamente sicure e in grado di mantenerci in buona salute, nella misura in cui consumiamo quantità sufficienti dei cibi giusti. Gli esseri umani hanno ricavato le vitamine in questo modo per milioni di anni. Raccomando l'uso di svariate razioni al giorno di germogli nelle insalate, nei passati di verdura e in altri piatti.

Fino al momento in cui viene consumato, un germoglio fresco crudo aumenta e arricchisce il proprio valore nutrizionale. Le sostanze nutritive rimangono intatte fino a quando cominciamo a masticarlo. Invece, benché anche gli altri alimenti vivi come gli ortaggi freschi contengano ampie scorte di vitamine, i loro valori nutrizionali cominciano a declinare a partire dal momento in cui vengono tagliati. La vitamina C contenuta in un ravanello crudo sminuzzato, ad esempio, diminuisce di metà nell'arco di cinque minuti, e fino al 70% nel giro di venti minuti. Con la cottura, gran parte del contenuto di vitamine (e minerali) degli alimenti freschi va perso: gettato con l'acqua di bollitura, o ossidato (vedi p. 40) a causa dell'esposizione all'aria e al calore.

Sorprendentemente, i semi di lenticchie crudi e non germogliati presentano un contenuto di vitamina C troppo basso per essere misurato, ma dopo la germogliazione il livello aumenta al punto da renderle una delle migliori fonti di questa vitamina. Questa preziosa sostanza nutritiva è importante per la salute della pelle, dei denti e delle gengive. Inoltre, contribuisce alla crescita e allo sviluppo e protegge le altre vitamine dall'ossidazione. Sul piano nutrizionale i germogli freschi di lenticchie, cavolo, fagioli di soia verde e fagioli azuki sono ottime fonti di vitamina C. Anche i ceci e i fagioli dall'occhio germogliati contengono questa vitamina.

I germogli di alfalfa sono non solo una buona fonte di vitamina C, ma anche ottimi fornitori di vitamina A. Infatti contengono dosaggi maggiori di questa vitamina rispetto a quantità paragonabili di pomodori, lattuga, peperoni verdi e della maggior parte dei frutti. I germogli sono ricchi di vitamina A e ne contengono fino a quattro volte di più rispetto ai semi crudi non germogliati. Anche i semi germogliati di cavolo, trifoglio, piselli e senape sono fonti eccellenti di vitamina A. Quest'ultima nei germogli ci viene fornita sotto forma di carotene, che nell'intestino viene poi convertito in vitamina A nella quantità richiesta. Il carotene non è tossico anche se assunto in grandi quantità, mentre la vitamina A sintetica, oppure quella contenuta negli oli di pesce, nel fegato e in altri alimenti di origine animale si accumula nel fegato e può diventarlo. La vitamina A è essenziale per una crescita e uno sviluppo normali, per la vista e per le funzioni riproduttive.

Le vitamine del gruppo B tiamina (B_1), riboflavina (B_2) e niacina sono presenti in abbondanza nei semi germogliati di mandorla, alfalfa, frumento, segale, girasole e sesamo. I germogli di girasole e di sesamo sono più ricchi di queste importanti vitamine del gruppo B rispetto ai semi crudi non germogliati (che di per sé sono considerati una buona fonte di vitamine B). Le vitamine del complesso B aiutano l'organismo a digerire i carboidrati e a utilizzare l'energia fornita da questi ultimi, e rinforzano anche la resistenza alle infezioni. Inoltre, le vitamine di questo complesso, a volte definite "vitamine dello stress", coadiuvano il funzionamento del sistema nervoso, rafforzandolo contro ogni tipo di stress.

Il frumento è una delle migliori fonti di vitamina E, sostanza che funziona come antiossidante e impedisce che preziose sostanze nutritive vengano distrutte o sprecate. Inoltre, questa vitamina funge da cardioprotettore e da stimolante della fertilità. La germogliazione del frumento triplica il contenuto di vitamina E rispetto a quello del seme crudo e non germogliato. In aggiunta, il tipo di vitamina E contenuto nei semi, nei cereali e nei semi oleosi germogliati – come ad esempio avena, segale, alfalfa, sesamo, girasole e mandorle – è almeno dieci volte più assimilabile dall'organismo rispetto alla vitamina E sintetica. Nel prossimo capitolo troverete altre informazioni sui germogli e sulla vitamina E.

La vitamina K è presente in quantità abbondanti nei germogli di alfalfa. Questa vitamina poco conosciuta è importante soprattutto durante la gravidanza, poiché è responsabile della coagulazione del sangue e contribuisce alla prevenzione di emorragie e aborti spontanei. La vitamina U, un'altra sostanza nutritiva poco nota, si trova in dosi copiose nei germogli di cavolo. Attualmente è oggetto di studio per la sua capacità di prevenire l'ulcera gastrica e intestinale.

Minerali e oligoelementi nei germogli

I minerali che assumiamo con la dieta sono la nostra linfa vitale. Forniscono la base per il metabolismo generale dell'organismo, i vitali processi chimici e fisici che assicurano il regolare funzionamento dell'organismo. I minerali svolgono un ruolo di primo piano nella formazione e nel funzionamento di tutti gli enzimi dell'organismo e mantengono la carica elettrica alcalina adeguata in tutte le cellule del corpo, proteggendole dall'acidificazione e dall'invasione dei microbi nocivi che si nutrono delle sostanze acide presenti nell'organismo.

Più di due miliardi di anni fa, i minerali degli antichi oceani si mischiarono con gli amminoacidi e gli enzimi e crearono le prime forme di vita. I sali minerali complessi presenti nelle piante e negli animali sono responsabili della trasmissione dell'energia elettrica in tutto l'organismo vivente. Questi sali minerali sono minerali organici, a differenza dei minerali inorganici contenuti nelle rocce, o in un chiodo arrugginito, così come in molti integratori alimentari.

Alcuni studi hanno indicato che determinati minerali inorganici possono essere utilizzati dall'organismo per assolvere a funzioni specifiche, ma è necessario assumerne dosi dalla concentrazione da dieci a venti volte maggiore rispetto a quella degli alimenti per ottenere l'effetto desiderato. Purtroppo, le quantità addizionali di minerali creano anche un rischio di sovraccarico. Il popolo africano Bantu, per esempio, registra un'alta incidenza di intossicazione dovuta all'uso esclusivo di pentole e padelle da cucina in ferro. Il ferro in eccesso viene immagazzinato nel fegato e causa una reazione tossica che può determinare la morte. Anche l'eccesso degli altri minerali può creare nell'organismo una condizione di scompenso, turbando il delicato equilibrio dei minerali.

Per soddisfare il bisogno dell'organismo di minerali come il calcio, il potassio, il ferro, il fosforo e il magnesio in modo sano e sicuro, suggerisco di assumerli dai germogli e da altri alimenti vivi sotto forma di sali minerali organici. È così che gli umani hanno soddisfatto per millenni il proprio fabbisogno di minerali.

I germogli sono una fonte particolarmente buona di minerali facilmente utilizzabili. Le ricerche del dottor Jeffrey Bland dell'Università di Puget Sound hanno dimostrato che i germogli assorbono i minerali e gli oligoelementi (minerali necessari in piccole quantità, come iodio, zinco o selenio) dall'acqua usata per risciacquarli durante la crescita. Inoltre, i minerali e gli oligoelementi contenuti nei semi crudi non germogliati diventano più digeribili grazie al processo di germogliazione.

I germogli di sesamo sono un'eccellente fonte di calcio, un minerale essenziale che contengono in misura pari al latte di mucca e in quantità superiore a quasi tutti gli altri alimenti di origine vegetale. Anche i germogli di mandorla, girasole, alfalfa e ceci sono ottime fonti di calcio in forma organica. Il 99% del calcio che assumiamo viene depositato nelle ossa e nei denti, che vengono così mantenuti sani e forti.

Il potassio viene spesso definito il “minerale della giovinezza” perché aiuta l’organismo a mantenere una pelle liscia e tesa e un peso corporeo equilibrato, oltre a preservare la corretta alcalinità del sangue. I germogli di mandorla, sesamo, girasole, soia verde e fagioli dall’occhio forniscono più potassio di molti frutti e ortaggi.

I germogli di alfalfa, fieno greco, lenticchie, fagioli azuki e soia verde sono ottime fonti del ferro necessario alla produzione dei globuli rossi e al trasporto di ossigeno dai polmoni alle cellule. Anche i semi germogliati sono ricchi di ferro. Benché una parte del nostro ferro venga recuperata e riciclata dall’organismo, occorre assumerne dosi aggiuntive in forma organica dal cibo. Questo vale a maggior ragione per le donne, che possono sviluppare carenza di ferro a causa delle perdite di sangue mestruale. In generale, i germogli sono fonti eccellenti di oligoelementi come iodio, zinco, selenio, cromo, cobalto e silicio. I germogli di alfalfa e i semi germogliati di zucca sono fonti particolarmente ricche di zinco, un minerale essenziale per la sintesi delle proteine, per molte funzioni del fegato e per la guarigione delle ferite. Anche il selenio, di cui attualmente si stanno studiando le proprietà anticancro, è fornito da molti germogli, soprattutto da quelli di alfalfa.

Clorofilla nei germogli

Uno dei composti nutritivi più importanti contenuti nei germogli, la clorofilla è stata studiata a fondo per le sue proprietà nutrizionali e terapeutiche. Di per sé, la clorofilla, un composto proteico presente nelle piante verdi, compresi i germogli con foglioline verdi (come alfalfa, cavolo, trifoglio, girasole e ravanello), non sembra avere particolari qualità. Ma ci sono due aspetti vitali della clorofilla che non vanno trascurati.

Il primo è la sua capacità di creare vita nella pianta grazie alla conversione dell'energia solare, che ne fa una specie di batteria vivente; il secondo è la sua notevole somiglianza con una componente vitale del sangue umano: l'emoglobina. Circolando nel flusso sanguigno, le molecole di emoglobina trasportano l'ossigeno alle cellule di tutto l'organismo.

A differenza degli esseri umani e degli animali, che ricavano l'energia dal cibo, le piante la traggono direttamente dal sole. Nel processo noto come fotosintesi, esse creano e immagazzinano l'energia dei carboidrati grazie all'azione del sole sulle foglie. Nei germogli verdi freschi, questa energia è immediatamente disponibile all'organismo per la guarigione e la rigenerazione delle cellule.

Inoltre, gli elementi chimici contenuti nella clorofilla contribuiscono alla produzione dei globuli rossi contenuti nel flusso sanguigno. Come e perché questo processo avvenga rimane in gran parte un interrogativo, ma molte sono le teorie finora formulate. La molecola della clorofilla è piuttosto simile a quella dell'emoglobina: la principale differenza è che la clorofilla ha come nucleo uno ione di magnesio, mentre l'emoglobina è strutturata intorno al ferro.

Secondo il dottor Yoshihide Hagiwara, uno scienziato giapponese che studia il potere di guarigione delle piante e delle erbe verdi, la scienza dimostrerà presto che la clorofilla viene convertita in sangue all'interno dell'organismo. Poiché infatti questa sostanza è solubile in particelle di grasso, e dal momento che queste particelle vengono assorbite direttamente nel sangue passando per il sistema linfatico, anche la clorofilla può essere assorbita allo stesso modo. A suo parere, una volta che la molecola della clorofilla è stata assorbita, lo ione di magnesio viene sostituito dal ferro, e si avrebbe così la formazione di nuova emoglobina.

Enzimi e fattori alimentari vitali, proteine, vitamine, minerali e clorofilla: i benefici nutrizionali dell'inclusione nella dieta dei germogli sono innumerevoli. Nel prossimo capitolo tratteremo alcuni dei loro effetti benefici sulla salute.

Capitolo 3

Germogli e salute

«Più sfruttiamo la natura e più le nostre opzioni si riducono,
finché non ce ne resterà che una:
lottare per la sopravvivenza».
MORRIS UDALL

La scienza sta solo cominciando a penetrare i misteri dell'energia vitale negli esseri viventi, ma gli scienziati comprenderanno presto ciò di cui sono stata testimone per più di un quarto di secolo al Centro per la salute che ho fondato e diretto. La rigenerazione e il ringiovanimento dell'organismo umano *sono possibili*, se viene concessa a quest'ultimo una tregua dalle abitudini distruttive e gli vengono forniti alimenti ricchi di energia vitale. Inoltre è possibile tenere sotto controllo anche le malattie degenerative gravi, che a volte si possono addirittura far regredire, se si attuano cambiamenti positivi nella dieta e nello stile di vita.

L'energia vitale dei germogli freschi stimola la capacità innata dell'organismo di auto-depurazione e auto-guarigione. Soprattutto quando il corpo viene liberato dagli effetti debilitanti dei cibi cotti e pesanti, i processi naturali che agiscono nella guarigione di una ferita o nell'abbassamento della febbre possono essere attivati anche per il risanamento e la rivitalizzazione delle funzioni interne dell'organismo. Tutto questo è stato dimostrato in un esperimento condotto da M.L. Armstrong e altri, e riportato nel 1970 dalla rivista «Circulation Research». Un grave accumulo di colesterolo nelle arterie di alcune scimmie Rhesus causato da una dieta sperimentale ad alto contenuto di colesterolo e di grassi era *regredito* grazie a un regime alimentare a ridotta percentuale di grassi e di colesterolo. Questi stessi risultati cominciano ora a emergere anche negli studi sugli umani. E se si possono far regredire e controllare malattie gravi come le cardiopatie, perché mai non dovrebbe essere possibile fare altrettanto anche con patologie devastanti come il cancro? Dopo anni di esperienze con le persone malate, sono giunta a credere che le patologie degenerative gravi si possano tenere sotto controllo e in qualche caso far regredire, ma è mia profonda convinzione che l'individuo debba attuare cambiamenti positivi nel proprio atteggiamento e nel proprio stile di vita. Nella fattispecie, una dieta ricca di cibi abbondantemente provvisti di energia vitale e un atteggiamento mentale sereno, fiducioso e rilassato.

I germogli aiutano a combattere il cancro?

Thelma Arthur, medico, dei laboratori Arthur Testing Labs di Chula Vista, California, ha studiato quasi duecento dei miei ospiti prima e dopo l'adozione dello stile di vita degli alimenti viventi per un periodo di almeno due settimane. Era interessata soprattutto agli effetti di questa dieta perché è convinta che possa avere in serbo la risposta alla lotta contro il cancro. La ricercatrice era curiosa di scoprire perché i componenti della dieta – germogli, erba di grano (*wheatgrass*), succhi freschi e un'ampia gamma di alimenti crudi – vengano attualmente utilizzati da diversi centri di salute olistica e perché persone come Eydie Mae Hunsberger siano sopravvissute seguendo questo programma alimentare.

Le conclusioni della dottoressa Arthur indicavano in quasi tutti i soggetti notevoli miglioramenti nella risposta immunitaria, ossia nella capacità di combattere la malattia. Il livello di tossicità del sangue, che è solitamente alto in malattie come il cancro, risultava ridotto in quasi tutti i casi. Questo non significa che i germogli di per sé possano far regredire e nemmeno bloccare il cancro e altre malattie gravi, ma potrebbe tuttavia segnalare la capacità dei germogli, degli alimenti vivi e dell'erba di grano di rafforzare il sistema immunitario, obiettivo che dovrebbe essere perseguito da qualsiasi approccio sano al problema del cancro. Infatti, anche se una data terapia può riuscire a distruggere le cellule cancerose, se al tempo stesso indebolisce gravemente il sistema immunitario, anche una semplice infezione o un normale raffreddore potranno trasformarsi in nemici mortali.

Nel 1978, al Centro dei tumori dell'Università del Texas, il dottor Charles Shaw e la dottoressa Chiu-Nan Lai hanno analizzato una serie di alimenti di origine vegetale allo scopo di individuare potenziali elementi anticancro. Fra gli alimenti sperimentati su topi da laboratorio cui erano state iniettate sostanze cancerogene, figuravano le lenticchie, i fagioli mung, i germogli di grano, le carote e il prezzemolo. Questi ultimi due alimenti avevano rivelato effetti inibitori sui carcinogeni, ma in termini di attività anticancro la loro efficacia non era risultata nemmeno lontanamente paragonabile a quella dei germogli!

I risultati del loro studio erano di particolare interesse per la ricerca medica e in particolare per quella sul cancro per due motivi: l'attività cancerogena inibita era di notevole intensità, anche quando erano state utilizzate dosi relativamente ridotte di un estratto di germogli, e l'estratto stesso non risultava tossico, anche se veniva assunto in dosaggio elevato (la maggior parte degli inibitori noti dei carcinogeni è tossica anche se assunta a livelli moderatamente alti di concentrazione). Anche se questo esperimento non rappresenta in alcun modo una prova conclusiva dell'efficacia dei germogli nella cura del cancro in soggetti umani, le prospettive per la ricerca sull'uso dei germogli come alimento anticancro sono davvero promettenti. È opportuno notare anche che gli effetti benefici dei germogli sul sistema immunitario possono essere amplificati da altri elementi del Programma degli alimenti vivi, in particolare dal consumo di cibi frullati dalla facile digestione.

I germogli: compagni ideali di chi è a dieta

Il problema del sovrappeso e la ricerca di una soluzione sono diventati una questione inutilmente complicata.

Alcuni esperti ci dicono che le diete non funzionano, altri affermano il contrario. Sono assolutamente sicura che la dieta giusta sia davvero efficace. In ultima analisi, una perdita permanente di peso è ottenibile solo mangiando gli alimenti giusti, e se necessario riducendo le quantità. Anche l'esercizio fisico regolare è importante, ma sono convinta che la dieta sia la componente principale di un dimagrimento risolutivo.

In termini di vita quotidiana, portarsi addosso un peso eccessivo e nutrire gli accumuli di grasso richiede notevole energia, ma è necessaria altrettanta energia per essere disciplinati nelle proprie scelte alimentari e per praticare il giusto esercizio fisico. Quando si introduce nella dieta un'abbondante quantità di germogli (accompagnati da altri alimenti vivi), la persona sovrappeso può finalmente avere il riposo di cui ha bisogno.

I germogli, in particolare quelli di alfalfa, forniscono all'organismo un'abbondante quantità di nutrimento liquido a basso contenuto calorico che è facile da digerire e da utilizzare come combustibile. La capacità di auto-depurazione dell'organismo viene stimolata dai germogli e dai succhi estratti da questi alimenti, e il metabolismo generale ne risulta accelerato perché non viene appesantito da grosse quantità di cibi di difficile digestione. Inoltre, i liquidi aiutano a eliminare le tossine dal sistema.

Questi benefici del mio programma di dimagrimento sono diametralmente opposti rispetto agli effetti di talune diete dimagranti. In particolare, le diete ad alto contenuto proteico impegnano le riserve di energia dell'organismo nella conversione di grosse quantità di nutrienti strutturali (proteine) in nutrienti energetici (carboidrati). Chi segue una dieta iperproteica di solito dopo poche settimane accusa una profonda stanchezza.

Con lo stile di vita basato sugli alimenti vivi, mediamente la perdita di peso va da 2 a 7 kg, pur consumando tre pasti sostanziosi al giorno. La chiave del successo sono cibi altamente digeribili, nutrienti e depurativi come i germogli, le pianticelle a foglia verde e altri alimenti vivi. Si potranno ad esempio frullare vari tipi di germogli con la frutta e con gli ortaggi per produrre squisite "bevande verdi".

I germogli di ravanello, fieno greco, cavolo, alfalfa e trifoglio, dal sapore deciso e dalle spiccate virtù depurative, sono particolarmente indicati per perdere peso. Se ci si propone di dimagrire, è comunque importante comprendere nella dieta un'ampia varietà di alimenti. I cereali germogliati come il grano sono una scelta indicata perché sono energetici e hanno proprietà depurative. Anche le pianticelle di grano saraceno e di girasole (vedi Capitolo 7) sono una buona opzione perché sono ricche di liquidi e facili da digerire.

Germogli e vita sessuale

Che cosa c'entrano i germogli con la vita sessuale? Forse poco, se la nostra vita sessuale è già soddisfacente. Potrebbero invece essere di grande beneficio per migliorare una relazione insoddisfacente riportando il desiderio e le prestazioni sessuali a un normale livello sano.

Il buonsenso ci dice che quando si è fisicamente più sani, *tutte* le nostre componenti godono di una migliore salute. Se due partner hanno un aspetto e una salute migliori, l'attrazione sessuale è più intensa. Ho ricevuto molti riscontri dai miei ospiti riguardo ai cambiamenti positivi nella loro vita sessuale, una volta adottato lo stile di vita degli alimenti vivi, eppure gran parte delle prove scientifiche dell'efficacia dei germogli sulla funzione sessuale viene, pensate un po', dagli allevamenti.

In numerosi studi sui bovini, l'aggiunta dei germogli alla dieta si è dimostrata efficace per aumentare la produzione di latte e per restituire la fertilità alle mucche sterili. Il dato non sorprende perché i germogli di grano, ad esempio, forniscono un maggiore apporto di vitamina E di qualità superiore rispetto al germe di grano, una nota fonte della vitamina della fertilità.

Se il grano è una delle migliori fonti di vitamina E in forma naturale, il suo contenuto di questa sostanza nutritiva diventa triplo nei semi germogliati. Anche altri germogli di cereali, soprattutto avena e segale, sono eccellenti fonti di vitamina E, così come tutti i semi germogliati, compresi quelli oleosi.

Anni fa, gli esperimenti condotti dall'Agricultural Experiment Station di Beltsville, nel Maryland, hanno dimostrato la capacità dei germogli di grano di restituire la fertilità alle mucche che avevano perso la capacità di procreare o avevano superato l'età riproduttiva. In uno studio che coinvolgeva alcune mucche rimaste fino a quel momento sterili nonostante vari tentativi di accoppiamento, oltre al normale foraggio erano stati somministrati a ogni animale circa 2 kg di avena germogliata. I risultati erano stati sorprendenti: dopo soli sessanta giorni tutte le mucche erano state ingravidate.

Questi studi ci dicono che le funzioni sessuali possono essere riportate al loro normale livello sano quando la dieta comprende un'abbondante quantità di germogli.

Come rallentare l'orologio biologico con i germogli

Forse potrà sembrare azzardato affermare che i germogli possono rallentare o addirittura far regredire il processo di invecchiamento. Tuttavia, alcune recenti pubblicazioni sul tema della longevità e dell'alimentazione indicano che l'affermazione corrisponde al vero, e sotto più di un profilo. Durk Pearson e Sandy Shaw, il dottor Benjamin Frank, il dottor Edward Howell e altri ancora hanno indicato una serie di sostanze nutritive come potenziali fattori anti-invecchiamento.

Fra i nutrienti antietà che hanno attirato l'attenzione generale figurano gli antiossidanti e un'ampia gamma di enzimi esogeni (provenienti cioè da una fonte esterna all'organismo). Se è vero che sono molti i fattori che determinano l'invecchiamento, una dieta equilibrata a base di alimenti vivi che comprenda abbondanti porzioni di germogli freschi rappresenta una fonte del tutto sicura di potenziali sostanze antietà. Oltre a molti enzimi esogeni, i germogli contengono infatti le vitamine antiossidanti naturali A, C ed E.

Antiossidanti nei germogli

L'ossidazione è un tipo di reazione chimica che in termini di nutrizione può avere un effetto nocivo o benefico. Quando l'ossidazione avviene al di fuori dell'organismo, le sostanze ne vengono danneggiate o distrutte. Anche quando gli alimenti vengono scomposti *all'interno* dell'organismo nel corso della normale digestione si verifica ossidazione, ma la differenza essenziale è che l'energia proveniente dal cibo è resa accessibile perché l'organismo la possa utilizzare. Un altro aspetto dell'ossidazione si riferisce poi alla formazione dei "radicali liberi".

Recentemente negli ambienti della salute si è parlato molto di "radicali liberi" e dei loro effetti nocivi sulla salute umana. I radicali liberi sono frammenti molecolari con uno o più elettroni spaiati che possono minacciare internamente le cellule dell'organismo e in questo processo determinare l'invecchiamento di tutte le parti del corpo. Sono molto instabili e tendono a disturbare qualunque normale attività con cui vengono a contatto. Purtroppo, i radicali liberi hanno origine dagli oli trasformati a livello industriale e dai grassi cotti presenti nella dieta moderna.

Gli antiossidanti come le vitamine A, C ed E impediscono l'ossidazione dei grassi nel sangue, inibendo così la formazione dei radicali liberi nell'organismo. La vitamina C non solo previene la formazione dei radicali liberi, ma preserva anche le vitamine A ed E dalla distruzione. La vitamina A non è contenuta negli alimenti di origine vegetale, ma il suo precursore, il carotene, sì: questa sostanza impedisce che gli oli contenuti nei vegetali diventino radicali liberi quando le piante sono ancora vive. I germogli e gli alimenti vivi sono eccellenti fonti di antiossidanti. Inoltre, limitare o evitare del tutto l'uso di oli trasformati a livello industriale e di grassi cotti contribuisce a prevenire la formazione di radicali liberi ed evita così il prematuro invecchiamento del corpo.

Gli enzimi alimentari abbondano nei germogli

Gli enzimi, insieme all'acqua, sono le sostanze che distinguono i germogli dai semi crudi non germogliati. È l'attività degli enzimi che converte gli amidi in zuccheri, le proteine in amminoacidi e i grassi in acidi grassi all'interno del germoglio. Gli enzimi sono attivi anche all'interno del sistema digerente umano, dove scompongono gli alimenti in modo tale che le sostanze nutritive possano essere facilmente utilizzate dall'organismo. Se gli enzimi esogeni non sono presenti nel cibo – come nel caso degli alimenti cotti o trasformati a livello industriale – dev'essere l'organismo a fornire gli enzimi mancanti. In altre parole, l'organismo è costretto a produrre una quantità maggiore di enzimi in grado di scomporre le proteine (proteasi), gli amidi (amilasi) e i grassi (lipasi) rispetto a quanto farebbe se questi enzimi fossero presenti nel cibo.

Come sostiene il dottor Edward Howell, enzimologo all'avanguardia autore di *Enzyme nutrition*, la giovinezza dipende dalla quantità e dall'energia degli enzimi presenti nell'organismo. Più il sistema digerente ha bisogno di enzimi endogeni (interni) per scomporre il cibo – argomenta Howell – minori saranno le riserve interne degli enzimi metabolici. Questo dato è decisivo, perché gli enzimi metabolici ricoprono un ruolo cruciale nel gran numero di processi in atto nell'organismo. In età avanzata, le riserve degli enzimi metabolici scendono ai livelli più bassi e anche la forza degli enzimi digestivi risulta ridotta. Il dottor Howell conclude che più rapidamente esauriamo le nostre scorte di enzimi endogeni – più alimenti cotti e privi di enzimi consumiamo – e più rapidamente invecchiamo. Il processo dell'invecchiamento subisce un'accelerazione via via che l'organismo è costretto ad attingere alle sue già impoverite riserve di enzimi metabolici. Al momento della stesura di questo libro, il dottor Howell ha 87 anni e, come fa ormai da molti anni, cerca di mangiare quanti più alimenti crudi possibile.

Se mangiati crudi, i germogli sono un'ottima fonte di importanti enzimi alimentari che coadiuvano la digestione degli amidi, delle proteine e dei grassi. Anche la cellulasi, un enzima alimentare che agisce sulla cellulosa, è presente nei germogli. Più alta è la concentrazione di una determinata sostanza in un germoglio, maggiore sarà la quantità presente dell'enzima necessario a scomporla. Così le lenticchie, che hanno un contenuto relativamente alto di proteine, sono più ricche di proteasi di altri legumi come ad esempio i ceci, che a loro volta contengono più amido e quindi più amilasi.

Gli enzimi alimentari dei germogli non agiscono soltanto sulla loro stessa digestione, ma aiutano l'organismo anche nella digestione di altri alimenti. Gli esseri umani (e i loro animali domestici) sono i soli esseri viventi sulla Terra in grado di mangiare cibi privi dei loro enzimi naturali (ossia cibi cotti). Il dottor Howell ritiene che questo sia uno dei motivi per cui ci ammaliamo di cancro e di altre malattie degenerative che gli animali selvatici non conoscono, e i miei anni di esperienza nel campo della salute mi portano a trarre la stessa conclusione.

Di fatto, gli enzimi alimentari sono la chiave dell'efficacia dello stile di vita degli alimenti vivi, giacché trasferiscono l'energia vitale dai germogli e dagli altri alimenti vivi all'organismo. L'abbondanza di enzimi alimentari in questi alimenti biogenici e bioattivi è ciò che li distingue da tutti gli altri cibi. I germogli freschi e crudi sono vivi e al culmine del valore nutrizionale appena prima di essere consumati. Una volta ingeriti, aiutano ad autodigerirsi fornendo così all'organismo il riposo di cui ha bisogno e permettendogli di cominciare a rigenerarsi e ad autoripararsi.

I cibi ricchi di enzimi come i germogli, gli ortaggi freschi, la frutta e i relativi succhi sono i principali fattori in grado di rallentare l'orologio biologico. Le carni e gli altri alimenti pesanti cotti, specialmente quelli che sono anche ricchi di grassi e di zuccheri, sono carenti di enzimi alimentari. Questi alimenti rallentano il metabolismo e indeboliscono il sistema immunitario. Come abbiamo già visto, gli alimenti vivi aiutano l'organismo a conservare i suoi enzimi vitali, stimolando il metabolismo e il processo depurativo/rigenerativo. In questo modo, oltre che inibire le sostanze potenzialmente cancerogene, gli alimenti vivi, soprattutto i germogli, hanno la capacità di rafforzare il sistema immunitario e ci aiutano a vivere una vita lunga e sana.

Capitolo 4

L'economia dei germogli

«Ogni opera è come un seme che viene seminato, esso cresce, si sviluppa e porta i suoi frutti, che a loro volta seminano altre azioni per infinite generazioni di vite e di opere».

THOMAS CARLYLE

Se è difficile attribuire un valore a un alimento salutare come i germogli, è invece molto facile fissarne il prezzo: i germogli sono forse i cibi più nutrienti che esistano a fronte del loro prezzo sul mercato. Anche le pianticelle di grano saraceno e di girasole sono economiche, in parte perché i germogli e le piantine cresciute in casa sviluppandosi aumentano il proprio volume, peso e valore nutrizionale. Inoltre in tutto il mondo c'è un'enorme quantità di semi disponibile per la germogliazione.

Costo dei germogli

Il costo, il peso e il rendimento di trenta tipi diversi di semi sono stati attentamente valutati da Jeff Breakey, curatore di «The Sproutletter», un bollettino informativo dedicato alla coltivazione di germogli. Fra tutti i semi più o meno conosciuti presi in considerazione, il grano, il grano saraceno e il girasole cresciuti nel terriccio (vedi

Capitolo 7) sono risultati i meno costosi, considerandone prezzo e valore nutritivo. In media, coltivare queste pianticelle verdi a casa propria costa poco più di 13 centesimi di euro per mezzo chilo circa di prodotto.

I diffusi germogli di alfalfa costano solo 60 centesimi di euro al chilo, mentre il loro peso da seme a germoglio aumenta del 600% e il loro volume del 2900%. Nello studio di Breakey, circa mezzo chilo di semi di alfalfa ne produceva più di tre di germogli.

I germogli di fagiolo mung costano 51 centesimi di euro al chilo e aumentano più di dieci volte di volume. Si può coltivare una grande varietà di germogli in grado di fornire le dosi giornaliere consigliate di proteine, vitamine e minerali, e come Breakey fa rilevare, lo si può fare con una spesa inferiore a un euro al giorno (vedi lista seguente). Ottenere la stessa quantità di sostanze nutritive dalla carne, ammesso che sia possibile, costerebbe una piccola fortuna, e lo stesso vale per il polline d'api, le alghe e gli altri cosiddetti supercibi dalle proprietà salutari. Ovviamente non è mia intenzione consigliare a nessuno di cercare di vivere soltanto di germogli. Aggiungendo alla dieta semi fermentati e formaggi a base di semi oleosi, frutta fresca e frutta essiccata, avocado e pane ai germogli si avranno importanti fonti di calorie che potrebbero essere carenti in una dieta a base di germogli. Chiaramente però l'impiego dei germogli ha solide basi economiche, non solo per il consumo nel nostro paese, ma anche in quelle regioni del mondo che sono colpite dalle carestie, e nelle quali i semi e i cereali germogliati potrebbero contribuire ad alleviare le carenze alimentari.

Porzione (in misurini da 0,25 l)	Varietà	Prezzo dei semi (in centesimi di euro per porzione)
½	germogli di mandorla	24
½	germogli di sesamo	8
1 ½	germogli di grano	6
1	germogli di segale	3,5
1	germogli di girasole	14,5
3	germogli di alfalfa	9
1 ½	germogli di lenticchie	6,5
2	germogli di mung	8,5
3	germogli di grano saraceno	2,5
3	pianticelle di girasole	5
3	erba di grano (estratto)	2,5
20		92,0

Campi di guarigione in India

Negli ultimi quindici anni ho visitato diverse grandi città indiane per allestire campi di guarigione in collaborazione con i medici e gli amministratori governativi locali. Vi abbiamo accolto centinaia di persone afflitte da ogni tipo di problema: dalle malattie cardiache, al cancro, alla lebbra e alla malnutrizione. I pazienti erano ospitati nel campo e mangiavano germogli, erba di grano e altri alimenti vivi finché si riprendevano. La guarigione dei bambini denutriti cui veniva somministrata una dieta combinata a base di germogli e di frutta era davvero sorprendente. In meno di trenta giorni tutte le loro piaghe scomparivano e il gonfiore addominale tornava normale in ogni soggetto. Ma soprattutto, quei bambini riuscivano a correre e a giocare, invece di essere trasportati dalle madri perché incapaci di reggersi da soli sulle gambe.

Ovviamente, in molte regioni del mondo il problema non è tanto la qualità di ciò che si mangia (gli abitanti sono così poveri da non potersi permettere la carne, il latte e i vari cibi spazzatura che tanto nuocciono alla salute degli abitanti del nostro Paese), ma la quantità minima del cibo che si assume. Eppure, quando ad alcuni fra gli indiani più poveri del paese si offriva un assortimento di cibi, quasi sempre la scelta cadeva sulla carne o sul latte, forse per la convinzione indotta che si tratti dei cibi più nutrienti. Tuttavia, ben presto i pazienti imparavano che i germogli si potevano facilmente coltivare a casa, e che rappresentavano un modo poco costoso di integrare la propria dieta (basata principalmente su frutti, ortaggi, cereali e legumi di produzione locale). Ancor oggi i ricercatori sono all'opera per determinare quali germogli siano più indicati per l'impiego in India, e per elaborare i migliori metodi al fine di educare la gente a coltivare e a preparare i propri germogli in ambiente domestico.

Germogli freschi e germogli secchi a confronto

Per un certo periodo si è parlato molto di utilizzare le farine ricavate da cereali, legumi e semi germogliati secchi come integratori proteici da aggiungere al pane o da trasformare in sostituti della carne. Se un chicco fresco di frumento germogliato contiene circa il 3 o il 4% di proteine, l'erba di grano essiccata ne contiene fino al 45%. Tuttavia, l'essiccazione dei chicchi di grano e di altri germogli distrugge alcuni dei loro preziosi enzimi e li priva della loro energia vitale, facendone un alimento appena migliore, da un punto di vista della salute, della farina comune.

Sarebbe molto meglio utilizzare germogli freschi, invece di farine di germogli essiccati. Ci sono milioni di chili di cereali e di altri semi in eccedenza che si potrebbero far germogliare e distribuire nelle regioni afflitte da penuria alimentare e in cui c'è poca disponibilità di verdura e frutta fresca. La mia esperienza nei campi di guarigione in India mi ha convinto dei benefici che i germogli possono offrire, e spero che saranno presto utilizzati per aiutare le popolazioni malnutrite di ogni paese.

I semi dovrebbero essere utilizzati per produrre germogli anche nel ricco Occidente, dove sotto la maschera dell'abbondanza, anche noi soffriamo per il dilagare dei cibi spazzatura e per la loro mancanza di energia vitale. L'impiego di germogli e di alimenti vivi può fare un'enorme differenza per la nostra salute. Molti di noi non ne sono consapevoli, ma potremmo soffrire dei sintomi della malnutrizione. Alcune ricerche del Dipartimento dell'agricoltura degli Stati Uniti pubblicate sotto il titolo *Nationwide Food Comparison Survey 1977-78* [Indagine nazionale comparativa degli alimenti 1977-78; *N.d.T.*] rivelavano che gli americani potrebbero non assumere con la dieta quantità sufficienti di calcio, ferro, vitamina A e vitamine del complesso B. Benché beviamo più latte e mangiamo più formaggio e carni rosse (tutti alimenti ritenuti buone fonti di calcio o di ferro) di qualsiasi altra nazione, noi americani non disponiamo di quantità sufficienti di queste sostanze nutritive. Un bicchiere al giorno di succo d'arancia e una porzione di verdure in scatola o surgelate sottoposte a cottura eccessiva non forniscono quantità sufficienti di vitamina A e C. La moderna produzione industriale di alimenti e i metodi impiegati per raffinarli privano del prezioso germe e della crusca il nostro pane, la pasta, i cereali da colazione e altri prodotti a base di cereali, impoverendo le loro riserve di vitamine del complesso B e rendendo necessario aggiungere a questi alimenti una costosa (e rischiosa, dal punto di vista della salute) dose di integratori.

Negli ultimi cinque anni i coltivatori di germogli della costa occidentale degli Stati Uniti hanno riportato un enorme incremento nella produzione e nelle vendita di germogli di alfalfa e di mung, ma personalmente spero che molti altri di noi si dedichino alla coltivazione dei germogli, e che lo facciano... da casa. Benefici economici di vasta portata ci attendono, quando cominciamo a ridurre la nostra dipendenza dalle costose e malsane proteine animali, perché al momento la zootecnia sperpera un'enorme percentuale dell'energia mondiale e delle potenziali fonti alimentari.

In breve, i germogli forniscono a tutte le popolazioni del mondo le proteine e le sostanze nutritive supplementari necessarie a facilitare la transizione da una dieta a base animale a una più salutare – e più economica – dieta a base vegetale.

Capitolo 5

Guida all'acquisto di semi da germoglio

«I frutti non maturano per diventare un cibo per noi, ma per proteggere i semi che contengono. Noi però non ci curiamo delle finalità della Natura, godiamo dei delicati sapori e della polpa squisita di mele, pere, pesche, pomodori, meloni e altro ancora, e gettiamo incautamente i semi che la pianta si è data tanta pena di sviluppare e nei quali essa conservava il germe della vita e una riserva di amido tale da aiutarlo a originare una nuova vita sotto forma di tenero germoglio».

Luther Burbank

Ai fini della produzione di germogli, non tutti i semi sono uguali in natura. Dopo quasi trent'anni di pratica nella germogliazione dei semi (compresi i semi oleosi e i legumi), ho imparato quali germogliano con più facilità e quali sono più saporiti. In questo capitolo descriverò i miei germogli preferiti, concentrando l'attenzione sulle loro principali caratteristiche nutritive e sul loro impiego. Fornirò anche alcune linee guida per la scelta e l'acquisto dei semi, perché la qualità di quelli che si decide di utilizzare è importante quanto il metodo di germogliazione.

I metodi di coltivazione sono oggetto del capitolo successivo.

I **fagioli azuki** sono piccoli fagioli rossi (di dimensioni simili a quelle dei fagioli mung) la cui coltivazione è diffusa da secoli in Cina, Giappone, Corea e in altri Paesi dell'Estremo Oriente. Vengono coltivati anche negli Stati Uniti e sono acquistabili in quasi tutti i negozi di alimenti naturali ed etnici del nostro Paese.

Oltre ad altre sostanze nutritive, i fagioli azuki germogliati contengono amminoacidi (proteine), vitamina C e ferro. Il loro sapore ricorda quello dei germogli di mung. Consiglio di usarli nelle insalate, nei piatti di verdura marinati secondo la ricetta cinese, nelle bevande verdi, nella preparazione di polpettoni di germogli e di tramezzini. Grazie al loro sapore delicato e alla consistenza croccante, sono un ingrediente molto versatile.

I semi di **alfalfa** sono piccoli, più o meno delle dimensioni di una capocchia di spillo e di colore dorato. Spesso considerata un cereale, l'alfalfa è invece un legume originario dell'Africa del Nord attualmente coltivato in molte regioni del mondo. Solo in America, ogni anno oltre 10 milioni di ettari vengono interamente coltivati ad alfalfa e i semi biologici di questo legume sono facilmente reperibili nella maggior parte dei negozi di alimenti naturali.

I germogli di alfalfa sono una delle coltivazioni di base della Ann Wigmore Foundation: sono fra gli alimenti più nutrienti in assoluto che si possano consumare. A sviluppo completato, le radici delle piante di alfalfa possono misurare fino a qualche metro e riescono perciò a catturare, penetrando nel terreno, oligoelementi difficili da reperire. I germogli di alfalfa sono un'ottima fonte di vitamine del complesso B, oltre che delle vitamine A, C, E e K. Contengono inoltre calcio, magnesio, potassio, ferro e oligoelementi come il selenio e lo zinco. Se durante la crescita vengono esposti alla luce indiretta, il loro contenuto nutritivo è ulteriormente arricchito di preziosa clorofilla.

I germogli di alfalfa sono fra i più versatili: si possono usare nelle insalate, nei tramezzini, nelle bevande verdi, nelle minestre e nei polpettoni di germogli.

Le **mandorle** sono originarie della Persia, dove sono coltivate da centinaia di anni. La maggior parte delle mandorle coltivate negli Stati Uniti proviene dalla California. Le mandorle e i germogli di mandorla sono una componente di base dello stile di vita degli alimenti vivi perché forniscono proteine di altissima qualità.

Di tutti i semi oleosi, le mandorle sono fra i più digeribili, specialmente dopo ventiquattro-quarantotto ore di germinazione. Sono un'eccellente fonte di proteine, calcio, potassio, fosforo, magnesio e grassi. Inoltre, contengono vitamine del complesso B e vitamina E. I loro germogli hanno una consistenza croccante e sono indicati per preparare condimenti per insalate, bevande, yogurt, formaggi, polpettoni di germogli, pane, cereali da colazione, muesli e dessert.

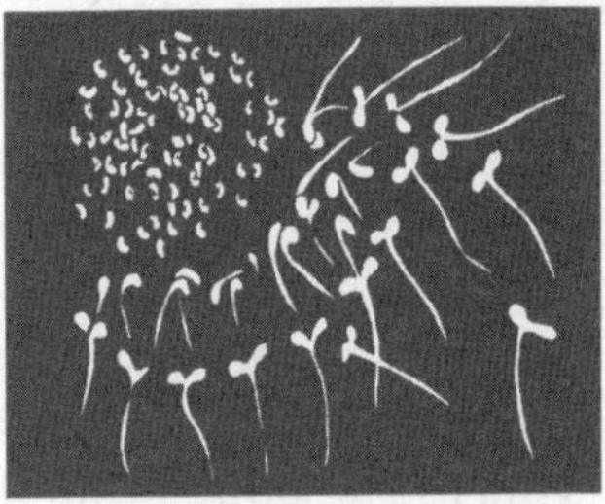

Alfalfa

Mandorle

Fagioli azuki

Fagioli comuni

Fagioli borlotti

Ceci

Grano saraceno

I germogli di **cavolo** sono sempre più apprezzati. Alla Ann Wigmore Foundation li coltiviamo in combinazione con altri, quali alfalfa, ravanello e lenticchie. I semi di cavolo e di cavolo cinese sono acquistabili presso diversi fornitori all'ingrosso a prezzi piuttosto bassi. Nella maggior parte dei casi, sono gli stessi semi usati dai giardinieri e dagli agricoltori per la coltivazione del cavolo. Accertatevi però che provengano da coltivazione biologica, altrimenti si rischia di avere a che fare con semi trattati chimicamente.

I germogli di cavolo, come il cavolo stesso, sono un'ottima fonte di vitamine A, C, e U, oltre che di oligoelementi come lo iodio e lo zolfo. Da soli, o mischiati con altri germogli della stessa famiglia, sono indicati per insalate, tramezzini, bevande verdi, polpettoni di germogli e minestre.

I **ceci** sono originari del Medio Oriente, dove sono tuttora considerati un alimento base. Sono molto diffusi anche in India e in tutto l'emisfero occidentale. Li si può acquistare nella maggior parte dei negozi di alimenti naturali. Prima di dare avvio alla germogliazione, è consigliabile eliminare tutti i semi scoloriti, spezzati o scheggiati.

I ceci germogliati sono ricchi di carboidrati, fibre, calcio e proteine. Sono anche una buona fonte di magnesio, potassio e vitamine A e C. Si possono usare per preparare l'hummus, la crema di ceci di origine mediorientale, e nelle insalate, nei polpettoni di germogli, nei condimenti e nel pane.

I **fagioli dall'occhio** sono molto apprezzati nel Sud degli Stati Uniti. Sono una varietà di fagioli bianchi di medie dimensioni che presentano una macchiolina nera. È consigliabile acquistare quelli di coltivazione biologica, ma se non è possibile si possono far germogliare quelli che si comprano al supermercato.

Questa varietà di fagioli, come la maggior parte dei piselli e come alcuni dei legumi utilizzati per la germinazione, è un'ottima fonte di proteine, di vitamine A e C, di magnesio e di potassio. Si tratta di germogli sorprendentemente saporiti che possono arricchire insalate, marinate, polpettoni di germogli e bevande verdi.

Il **fieno greco** è un piccolo seme dal colore dorato e dal piacevole profumo di erba aromatica. Benché questa pianta sia originaria dell'Asia occidentale, la maggior parte dei suoi semi sul mercato americano viene dall'Africa del Nord.

Con la sua azione depurativa del sangue e dei reni e il suo sapore piccante, il fieno greco è un'eccellente fonte di fosforo e di ferro e contiene un gran numero di oligoelementi. È consigliabile farlo germinare con altri semi insieme ai quali mischiarlo per ingentilirne il sapore. Queste miscele di germogli si potranno usare per arricchire insalate, polpettoni di germogli e bevande verdi.

Le **lenticchie**, originarie dell'Asia centrale, sono piccoli legumi dalla forma rotonda e piatta. Per le coltivazioni casalinghe è consigliabile utilizzare solo la varietà di colore verde, perché quelle rosse vengono sgusciate dopo il raccolto e la maggior parte dei semi non germoglia. Le lenticchie provenienti da coltivazioni biologiche sono acquistabili in quasi tutti i negozi di alimenti naturali.

I germogli di lenticchie sono ricchi di proteine, ferro e vitamina C, e sono una delle coltivazioni di base della Ann Wigmore Foundation. Provateli nelle insalate con l'alga rossa dulse (*Palmaria palmata*), nei polpettoni di germogli, nel pane e nelle bevande verdi. Ideali anche con le verdure marinate.

I **fagioli mung** sono un altro alimento base della fondazione, secondi per diffusione soltanto all'alfalfa, nella produzione casalinga. Le popolazioni dell'Estremo Oriente ne fanno largo uso da secoli. I piccoli semi di colore verde sono reperibili in quasi tutti i negozi di alimenti naturali ed etnici.

I germogli di questo fagiolo sono un'ottima fonte di proteine, specialmente dell'amminoacido metionina, che pare avere un effetto calmante sull'organismo. Sono ricchi anche di vitamina C e contengono salutari riserve di minerali come il ferro e il potassio. Ideali in insalate, tramezzini, bevande verdi, minestre, polpettoni di germogli e verdure marinate.

I **piselli** sono un legume originario del Mediterraneo. Di colore verde o giallo, sono acquistabili nella maggior parte dei negozi di alimenti naturali e nei supermercati. Quelli da usare per la germogliazione devono essere integri, perché se sono spezzati non germogliano. Questi legumi sono un'ottima fonte di proteine, carboidrati, fibre, vitamina A e di diversi minerali importanti fra cui ferro, potassio e magnesio. I piselli verdi forniscono all'organismo anche clorofilla. I germogli sono ideali per preparare salse e mousse, nelle minestre, nei polpettoni di germogli, nelle insalate e nei condimenti per insalate.

I **semi di zucca** sono fra i semi più adatti alla germogliazione. Quelli comunemente venduti nei supermercati sono coltivati in Paesi dal clima caldo. I semi sgusciati sono più grandi di quelli di girasole e sono di colore verde scuro; rispetto ai semi di girasole, anche il sapore è più ricco.

Contengono proteine di alta qualità oltre a grassi, vitamina E, fosforo, ferro e zinco (un oligoelemento di cui la dieta moderna è spesso carente). Poiché vengono sempre utilizzati senza guscio, i semi di zucca non richiedono tempi lunghi di germogliazione: di fatto è preferibile consumarli dopo circa ventiquattr'ore di germinazione. Si prestano alla preparazione di condimenti per insalate, polpettoni di germogli, yogurt, formaggi, dessert, spuntini e bevande.

La **segale** è originaria dell'Asia occidentale e del Medio Oriente e fra tutte le Graminacee è la pianta più resistente. I chicchi integrali di segale sono in vendita nella maggior parte dei negozi di alimenti naturali: per dimensioni e forma assomigliano ai chicchi di grano, ma sono di colore grigio.

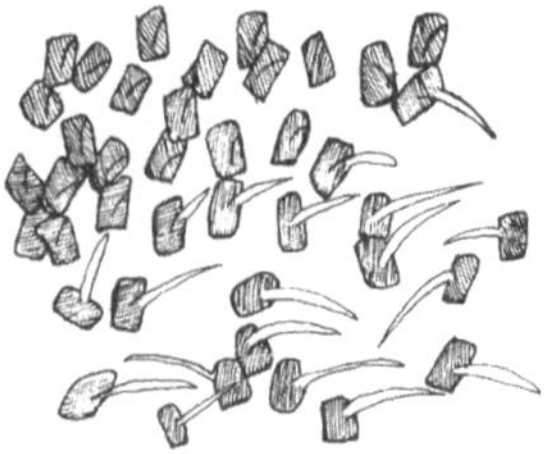

Fieno greco

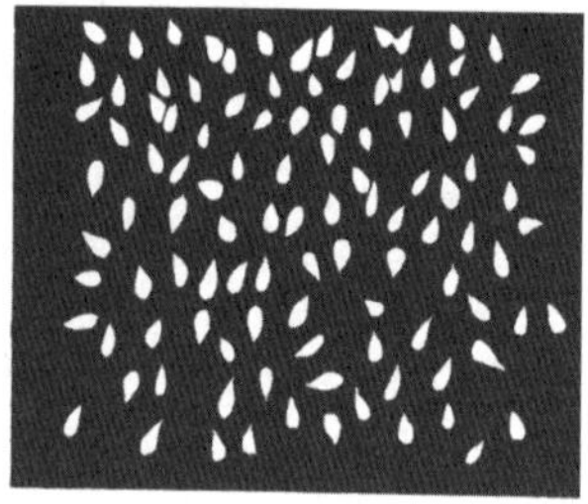

Semi di sesamo

Semi di girasole

Fagioli mung

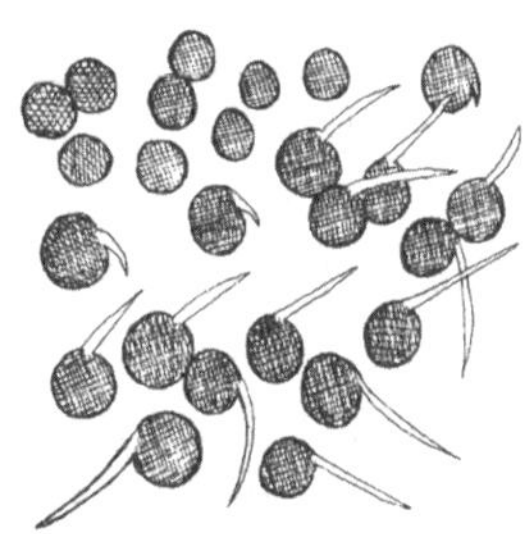

Lenticchie

La segale germogliata è leggermente dolce e questo indica la presenza di carboidrati. È anche un'ottima fonte di proteine, di vitamine del complesso B e di vitamina E. Anche minerali come il fosforo, il potassio e il magnesio sono rinvenibili nella segale germogliata. Per ottenere una miscela saporita, provate a far germogliare i chicchi di segale con le lenticchie e con il grano e usate i germogli per preparare cereali da colazione e nelle insalate, nel pane, nel muesli e nel latte.

Il **sesamo**, che originariamente cresceva allo stato selvatico in India, è fra i primi alimenti coltivati dall'umanità. Oggi è diffuso in quasi tutte le parti del mondo. Sia le varietà chiare, sia quelle scure sono vendute con e senza guscio. Ai fini della germinazione è consigliabile acquistare semi provvisti di guscio, perché quelli sgusciati spesso vengono trattati con potenti solventi chimici.

I semi di sesamo sono ricchi di proteine, grassi, vitamine del gruppo B, vitamina E e fibre. Sono anche una buona fonte di diversi minerali vitali, fra cui soprattutto magnesio, potassio, ferro, fosforo e calcio. In effetti, il latte ricavato dai semi germogliati di sesamo contiene quasi la stessa quantità di calcio di quello di mucca. Poiché i semi sono molto piccoli, il tempo di germogliazione è molto breve, e di solito va da uno a tre giorni. Protrarne la germogliazione può far assumere un sapore amaro. I germogli di sesamo sono una componente di base dell'alimentazione degli alimenti vivi. Possono essere usati per produrre latte vegetale, formaggi, yogurt, condimenti per insalate, pane, cereali da colazione e caramelle.

I **semi di girasole** sono stati usati per la prima volta come cibo dagli Indiani dell'America del Nord e del Sud. Oggi, questi semi versatili sono coltivati in tutto il mondo per ricavarne alimenti, olio, tessuti e tinture. Una volta sgusciati, i semi sono piccoli e di colore grigio: per la produzione casalinga di germogli sono acquistabili nei negozi di alimenti naturali.

Componente essenziale del Programma degli alimenti vivi, i semi di girasole germogliati sono fra i semi commestibili più ricchi di nutrimento. Sono un'ottima fonte di proteine, grassi, vitamine del gruppo B e vitamina E. Inoltre, forniscono notevoli quantità di minerali come il calcio, il ferro, il fosforo, il potassio e il magnesio. I germogli di girasole sono ideali per la preparazione di gustosi condimenti per insalate, per formaggi, latte, polpettoni di germogli, pane, caramelle e dessert. Anche le pianticelle di girasole (vedi Capitolo 7) sono saporite e nutrienti.

I **semi di ortaggi** come i ravanelli, il cavolo nero, il crescione d'acqua, i broccoli, la senape indiana e le rape sono eccellenti per la produzione casalinga di germogli. Il germoglio di cavolo (vedi p. 56) è uno dei più nutrienti fra quelli derivati da semi di ortaggi. Molti di questi semi si possono acquistare per posta in confezioni da mezzo chilo. Quelli che utilizziamo regolarmente alla fondazione sono di ravanelli, di senape e di diverse varietà di cavolo. Di solito li mescoliamo con altri semi, soprattutto con quelli di alfalfa, per creare miscele, poiché alcuni di essi hanno un sapore piuttosto forte se consumati da soli.

In generale, i semi di ortaggi contengono quantità leggermente superiori di vitamine e di minerali rispetto alla pianta madre. Quasi tutti i germogli di ortaggi sopracitati sono ottime fonti di vitamine C e A e di minerali, nonché di oligoelementi.

Attualmente il **grano**, il più importante cereale del mondo, fornisce al genere umano più calorie e proteine di qualsiasi altro alimento. È uno dei germogli di base nella produzione della nostra fondazione. I chicchi di grano per la produzione domestica di germogli sono facili da reperire, perché sono in vendita in quasi tutti i negozi di alimenti naturali. Per la germogliazione è consigliabile acquistare grano tenero primaverile.

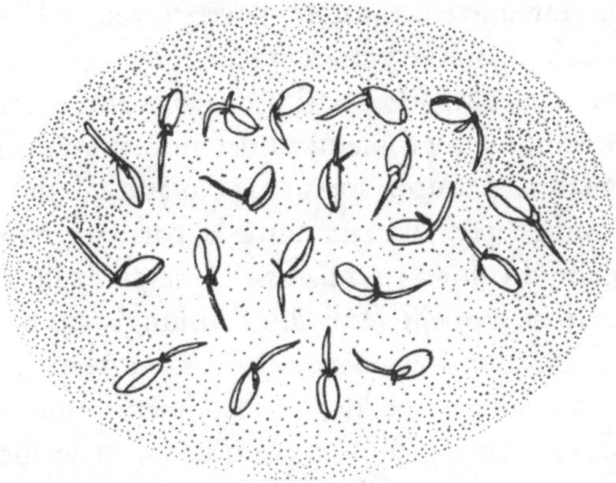

Germogli di grano

Il grano germogliato è un'eccellente fonte di proteine, magnesio, fosforo, vitamine del complesso B e vitamina E. È anche ricco di energetici carboidrati. È ottimo nelle insalate, per preparare latte vegetale, nei dessert, nel pane e nei cereali da colazione.

Ovviamente è possibile far germogliare altri semi a uso alimentare. Abbiamo presentato soltanto quelli più comunemente usati per produrre germogli, gli stessi che, grazie al loro sapore e alla loro digeribilità, sono diventati componenti fondamentali del programma della Ann Wigmore Foundation.

Come scegliere i semi

Quando si scelgono i semi per la produzione di germogli, è bene considerare parametri come uniformità di forma e colore e integrità. Osservate attentamente i semi che intendete acquistare: dovreste vedere migliaia di chicchi distinti e perfettamente integri.

I semi spezzati, scheggiati o diversamente danneggiati possono dare problemi di deterioramento o non germogliare del tutto: spesso una manciata di semi cattivi finisce per guastare tutta la partita. Osservatene anche il colore: i semi rossi come gli azuki sono davvero rossi, e quelli verdi come i mung sono davvero verdi? Se sono rosa invece che rossi, o verde acido invece che verde smeraldo, probabilmente non sono maturi, ed è consigliabile cercare un altro fornitore. C'è una gran quantità di legnetti, pietruzze e terriccio mischiata ai semi? Dovrete mondarli, perciò guardatevi dal comprare semi pieni di impurità. I semi derivati da coltivazione biologica saranno spesso meno puliti e lustri, ma un rapido lavaggio prima di avviare la germinazione eliminerà tutte le impurità.

Acquistare all'ingrosso semi sfusi che i fornitori conservano in grossi contenitori vi permetterà di risparmiare e probabilmente anche di ottenere prodotti più freschi. In alcuni casi i semi biologici saranno acquistabili solo all'ingrosso, perché molti coltivatori non hanno macchine per confezionare i loro prodotti, che spediscono solo in sacchi da 25 kg. Per avere il miglior rapporto qualità/prezzo, comprate all'ingrosso ogni volta che è possibile.

Semi biologici e non biologici a confronto

In un certo senso, tutte le piante cresciute nel terreno sono biologiche, ma ci sono grosse differenze nel *modo* in cui vengono coltivate. I *semi da coltivazione biologica* derivano da piante coltivate senza l'impiego di fertilizzanti, erbicidi e antiparassitari chimici prodotti dall'uomo. Sono semi equilibrati cresciuti in un terreno equilibrato. È proprio l'equilibrio fra la pianta e il terreno a proteggerla dalle malattie, dai parassiti e da altri pericoli. Di solito, invece, i semi da coltivazione non biologica vengono da piante coltivate in terreni fertilizzati con un massiccio impiego di prodotti petrolchimici. Le piante stesse vengono spruzzate con una serie di sostanze chimiche dannose per salvaguardarle dalle erbe infestanti e dai parassiti.

Secondo alcuni esperti agronomi, non c'è alcuna differenza fra i vari metodi di coltivazione, ma la mia esperienza mi ha portato ad altre conclusioni. Tutti gli agenti chimici hanno una qualche ripercussione sull'organismo. L'agricoltura basata sulle sostanze petrolchimiche non ha solo l'effetto a breve termine di distruggere il nostro prezioso soprassuolo, ma ha anche l'allarmante potenziale di annientare la nostra salute. Se riuscite a procurarvi semi da coltivazione biologica da far germogliare, vale la pena prendersi il disturbo di farlo. Al tempo stesso proteggerete il vostro benessere e sosterrete i coltivatori che cercano di arricchire il suolo e la salute degli esseri umani di tutta la Terra, invece di favorire quelli che stanno impoverendo entrambi.

Capitolo 6

Come coltivare in casa un orto di germogli

«Bagnate il vostro grano affinché possa penetrarvi l'Angelo dell'acqua, quindi disponetelo all'aria affinché sia abbracciato anche dall'Angelo dell'aria; poi lasciatelo al sole dal mattino alla sera affinché possa discendervi anche l'Angelo della luce del sole».

VANGELO ESSENO DELLA PACE

Se coltivare un bell'orto nella terra ricca del proprio giardino dietro casa non è alla portata di molti, coltivare in casa un orto di germogli è facile, agevole e divertente. Variabili come i fertilizzanti, le erbe infestanti, le gelate invernali e così via non sono una preoccupazione per chi fa il giardiniere in cucina. E quando si coltivano i germogli in casa, è facile fornire le giuste quantità di luce solare e di acqua. Se seguirete le semplici istruzioni di questo capitolo, sarà difficile che qualcosa vada storto. Mangerete la vostra prima produzione di germogli freschi, germogliati in casa, uno o due giorni dopo la creazione dell'orto: non dovrete aspettare sessanta-settanta giorni per vederne i risultati. Infatti, produrre germogli è così facile che in molte famiglie l'incarico di "coltivatore in capo dei germogli domestici" è affidato a uno dei bambini.

Ci sono diversi metodi di produzione: potrete scegliere di allestire il vostro orto in vasi di vetro, in sacchetti, in vaschette e/o in un germogliatore automatico. Qualunque sia il metodo prescelto, le fasi fondamentali sono le stesse, dall'iniziale ammollo e colatura dei semi, fino allo sciacquo e alla cura dei germogli in crescita, al loro raccolto finale e al loro impiego come cibi nutrienti e salutari.

Cura di base dei germogli

La cura di base dei germogli si concentra sul mantenimento di un'umidità costante, garantendo uno sgocciolamento adeguato e una corretta circolazione dell'aria. Trovate una buona collocazione per il vostro orto: il piano di lavoro vicino al lavello è ideale, perché dovrete avere accesso all'acqua e sufficiente spazio per la colatura.

Ai germogli piace essere messi spesso con "i piedi a bagno", senza tuttavia essere completamente inondati. Più sarete costanti nello sciacquare i germogli e nel loro accudimento, più risulteranno sani e salutari. Uno dei motivi per cui i germogli coltivati nel germogliatore automatico sono tendenzialmente buoni in modo uniforme è che vengono risciacquati e scolati senza essere maneggiati troppo spesso (infatti non apprezzano molto che li si manipoli in continuazione).

Accessori per la produzione di germogli

Come la maggior parte delle piante, i germogli maturano più rapidamente quando fa caldo, perciò se la temperatura è elevata i tempi di ammollo dovrebbero essere monitorati attentamente e gli sciacqui dovrebbero essere più frequenti, così da mantenerli freschi. Durante la stagione calda, tenete lontani i vostri germogli dalla luce diretta del sole pomeridiano, perché la combinazione del calore dell'ambiente con quello del sole nelle ore più calde può letteralmente cuocerli. La luce indiretta – il giusto equilibrio di sole e ombra – è quella giusta per far diventare verdi i germogli che richiedono luce.

La tabella alle pp. 92-97 riassume i requisiti di base dei germogli. Con un po' di pratica e di pazienza potrete coltivare con facilità germogli perfetti. Se ravvisate un problema che non viene trattato in questo capitolo, scrivete o telefonate alla Ann Wigmore Foundation.

Cosa far germogliare

Alla fondazione di Boston, le coltivazioni di base sono l'alfalfa, le mandorle, le lenticchie, i fagioli mung, il sesamo, il girasole e il grano. L'esperienza ci ha indicato che sono le più facili da attuare, le più saporite e le più versatili. Gli altri germogli vengono coltivati in scala ridotta. Le combinazioni di germogli, con l'alfalfa come base, sono particolarmente apprezzate.

Oltre ai germogli, alla fondazione coltiviamo anche le pianticelle di grano saraceno e di girasole, così come l'erba di grano, un alimento nutriente dalle virtù terapeutiche. Le pianticelle e l'erba di grano sono facili da coltivare in casa, specialmente una volta allestito il proprio orto casalingo. Inoltre, sono una componente squisita della dieta degli alimenti vivi. Per questi motivi, tratteremo le tecniche di coltivazione casalinga delle pianticelle di grano saraceno e di girasole nel Capitolo 7 di questo libro. Troverete invece informazioni dettagliate sulla coltivazione e l'impiego dell'erba di grano nel libro *The wheatgrass book* [Wigmore, Ann, *Erba di grano*, Macro Edizioni, Cesena 2015; *N.d.T.*].

Come iniziare

Con dieci vasi di vetro da 2 l, oppure con un germogliatore automatico a tre vaschette e un assortimento di semi si può allestire un orto domestico di germogli che ne produrrà abbastanza da ottenere ad ogni pasto un'alimentazione ideale. Cercate di coltivare tutti i tipi di germogli di base, e potrete realizzare molte delle ricette del Capitolo 8 sperimentando un ampio assortimento di sapori.

Per avviare questo metodo, procuratevi sette vasi di vetro (tenete gli altri tre di scorta per un uso successivo); la tabella di p. 73 indica le quantità suggerite per un vaso dalla capienza di 2 l. Se utilizzate un germogliatore automatico, non dovrete far altro che distribuire i semi in modo omogeneo in ogni parte della vaschetta e osservarne la crescita, raccogliendo ogni varietà via via che sarà pronta per il consumo.

Il metodo del vaso di vetro

Il metodo del vaso di vetro è tanto semplice quanto affidabile. È consigliabile l'impiego di vasi a bocca larga, perché sarà necessario introdurvi la mano per prendere i germogli maturi. Le molte esperienze condotte alla fondazione hanno rivelato che questo tipo di vasi permette un lavoro agevole e produce germogli molto migliori rispetto ai contenitori di plastica. Come già indicato, dieci vasi da 2 l sono l'attrezzatura ideale. Oltre ai vasi, sarà necessario avere a disposizione qualche pezzo di garza, o reticella in nylon, o qualsiasi materiale non tossico che permetta la circolazione dell'aria: andrà utilizzato per coprire i vasi e tenuto fermo con una cordicella o un elastico.

Assicuratevi che questi ultimi siano ben fissati e abbiano una buona tenuta, per evitare che i germogli finiscano dappertutto.

Misurate le quantità indicate di semi (vedi p. 92) e versatele nei vasi. I semi più piccoli dovrebbero coprire appena il fondo del vaso, mentre quelli più grandi e i legumi dovrebbero riempirlo per un ottavo fino a un massimo di un quarto. I germogli si espandono: mezzo chilo di semi di alfalfa, per esempio, dà 4 kg di germogli.

Sistema a sette vasi

Vaso	Varietà	Quantità	Ricette consigliate
1	mandorle	1 misurino da 250 ml	bevande, formaggi, condimenti per insalate
2	semi di alfalfa	3-4 cucchiai	succhi, insalate polpettoni di germogli
3	lenticchie	1 misurino da 250 ml	pane, succhi, insalate polpettoni di germogli
4	chicchi di grano	1 misurino da 250 ml	pane, insalate
5	fagioli mung (vedi p. 80)	½ misurino da 250 ml	succhi, insalate polpettoni di germogli
6	semi di girasole (sgusciati)	1 misurino da 250 ml	bevande, formaggi condimenti per insalate
	semi di sesamo (con il guscio)	1 misurino da 250 ml	
7	alfalfa e miscela di germogli misti (vedi p. 88)	2-3 cucchiai di alfalfa;	insalate
		altri semi in quantità variabile	

Coprite i vasi con la garza o la reticella di plastica, poi riempiteli per metà di acqua e lasciate i semi in ammollo per il tempo richiesto: da quattro a sei ore circa per i semi più piccoli e dodici ore per i semi più grandi e per i legumi. Trascorso questo tempo, fate scolare collocando il vaso inclinato a 45° con la bocca rivolta verso il basso, in una posizione in cui l'acqua può defluire liberamente.

I piccoli fori sul fondo permetteranno lo sgocciolamento dell'acqua in eccesso e la circolazione dell'aria.

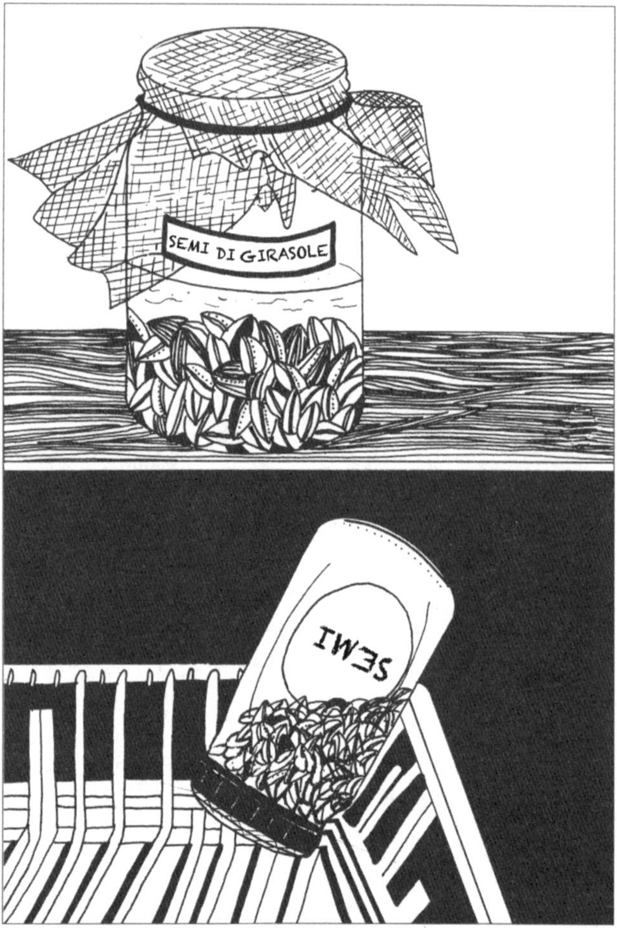

Il metodo del vaso di vetro

Sopra: ammollo

Sotto: colatura

Per ottenere i risultati migliori, è consigliabile sciacquare i germogli due volte al giorno mettendo il vaso sotto il rubinetto, riempiendolo di acqua e lasciandolo traboccare. Poiché il risciacquo elimina le sostanze di scarto prodotte dai germogli, l'acqua che cola dal vaso apparirà un po' schiumosa. Dopo aver risciacquato, posizionate nuovamente il vaso inclinato a 45°, così da far defluire l'acqua in eccesso. Quando i germogli saranno maturati, seguite le procedure per la raccolta e la conservazione descritte più avanti, in questo stesso capitolo.

Come utilizzare i sacchetti germogliatori

Si tratta di sacchetti bianchi delle dimensioni di 20 x 30 cm provvisti di lacci di chiusura e confezionati in una speciale reticella di nylon non resinato. Sono leggeri, estremamente resistenti e lavabili in lavatrice. Creati originariamente per un uso da viaggio, questi sacchetti sono relativamente nuovi sulla scena degli addetti ai lavori. Possono essere ordinati per posta e utilizzati per produrre germogli a casa con risultati simili a quelli che si ottengono con il metodo dei vasi di vetro. Dieci sacchetti per germogli sono tutta l'attrezzatura necessaria per dare avvio a un orto di germogli casalingo: la loro capacità infatti è più o meno pari a quella di dieci vasi da 2 l.

Per ottenere la germogliazione utilizzando questo metodo, mettete la quantità richiesta di semi in un sacchetto e collocatelo in una ciotola piena di acqua. Lasciate i semi in ammollo per il tempo richiesto, poi sciacquate il sacchetto e appendetelo al rubinetto o a un gancio posto sopra al lavello facendo scolare per qualche minuto. A questo punto mettete il sacchetto in un altro sacchetto di plastica in cui avrete praticato dei fori per permettere la ventilazione e appendetelo nuovamente a scolare. Come nel metodo del vaso di vetro, sciacquate i germogli due volte al giorno rimuovendo il sacchetto di plastica e immergendo il sacchetto in reticella in una ciotola piena d'acqua, oppure sciacquandolo sotto l'acqua corrente. Ogni volta che sciacquate i germogli, assicuratevi di farli scolare a fondo prima di riporre il sacchetto di reticella in quello di plastica e di appenderlo nuovamente.

Per raccogliere i germogli maturi, seguite la procedura standard descritta più avanti in questo stesso capitolo. Prima di dare inizio a una nuova produzione, lavate i sacchetti con sapone delicato e metteteli in ammollo in acqua pulita. Le stesse procedure di base si possono seguire per produrre germogli quando si è in viaggio; nel Capitolo 9 troverete altri consigli per la coltivazione e il trasporto dei germogli.

Germogliatori a vaschetta

I germogliatori a vaschetta si possono usare per coltivare germogli di alfalfa e miscele con questi germogli come ingrediente principale. I germogli di alfalfa sono particolarmente adatti ai germogliatori a vaschetta, poiché dopo cinque giorni di crescita le foglioline diventano verdi e si stendono come un tappeto su tutta la superficie. In questo modo, inoltre, crescono più dritti rispetto a quelli coltivati nei vasi.

Il metodo delle vaschette è diventato il più diffuso fra i produttori commerciali di alfalfa, perché il prodotto finito è più facile da sistemare in magazzino, da impilare e da esporre nei punti di vendita. I loro germogliatori hanno vasche di grandi dimensioni e sono completamente automatici.

I germogliatori a vaschetta di piccole dimensioni sono prodotti mirati per l'uso casalingo che funzionano benissimo. Quelli commercializzati nei negozi di alimenti naturali sono accompagnati da istruzioni per l'uso e dotati di coperchio, ma di solito sono piuttosto piccoli (circa 30-35 cm di diametro). Se decidete per questo tipo di germogliatore, dovrete acquistarne almeno due.

Prima di cominciare a utilizzare i germogliatori automatici, alla Ann Wigmore Foundation usavamo grandi vassoi di plastica (circa 60 x 60 cm, con una profondità di 5-10 cm) che acquistavamo da un fornitore specializzato in articoli per vivai. Per l'uso domestico sono ideali vaschette da 25 x 35 cm. Per ottenere i risultati migliori, è consigliabile procurarsi vaschette con fori dal diametro di mezzo centimetro o più piccoli ancora. Se le vaschette hanno fori più grandi, se ne può foderare il fondo con una reticella di nylon. Per pulire vaschetta e reticella dovrete disporre di una spazzola rigida per ortaggi, perché le minuscole radici dei germogli di alfalfa tendono a rimanere incastrate nei fori.

Se state utilizzando un germogliatore a vaschetta acquistato nei negozi specializzati, seguite le istruzioni che lo accompagnano. Altrimenti, adottate il metodo seguente per far germogliare i semi nelle vaschette. Misurate la quantità di semi o di mistura richiesta (usate lo stesso dosaggio indicato per il metodo dei vasi di vetro da 2 l). Mettete in ammollo i semi in un vaso pieno d'acqua e lasciateveli per il tempo richiesto. Se i fori della vaschetta sono piccoli, dopo l'ammollo potrete mettere i semi direttamente nella vaschetta, oppure potrete coltivarli nel vaso di vetro per tre giorni seguendo il metodo standard. Se la vaschetta presenta fori il cui diametro è superiore a mezzo centimetro, è meglio dare inizio alla crescita nel vaso.

Dopo che i germogli avranno raggiunto una lunghezza di 0,5-1 cm, potrete spargerli sul fondo della vaschetta e collocare il tutto in un sacchetto di plastica trasparente in cui avrete praticato alcuni fori per permettere la circolazione dell'aria. Come il coperchio dei germogliatori in vendita nei negozi, il sacchetto di plastica impedirà che i germogli secchino. Cercate inoltre di mantenere il fondo della vaschetta in posizione leggermente elevata, collocandola su un supporto di qualsiasi tipo che permetta all'aria di raggiungere le radici. Molti germogliatori in commercio sono provvisti di piedini per facilitare la circolazione dell'aria.

Che abbiate avviato la produzione nei vasi di vetro o nelle vaschette, dovrete comunque irrigarli almeno due volte al giorno. Ci sono due ottimi metodi per irrigare i germogli nelle vaschette: dopo aver rimosso la plastica, potrete nebulizzarli abbondantemente utilizzando uno spruzzatore perfettamente pulito, oppure immergere l'intera vaschetta in un bagno di acqua fresca, coprendo completamente i germogli.

Il quarto giorno, le foglioline di alfalfa cominceranno a inverdire e i germogli saranno pronti per il raccolto di lì a uno o due giorni. Seguite la procedura standard per il raccolto e per la conservazione descritta alle pp. 83-84.

Germogliazione automatica

I germogliatori automatici sono la soluzione perfetta per chi desidera una produzione abbondante con un impegno minimo: li uso da anni e sono del tutto convinta della loro efficienza e affidabilità. Un importante vantaggio di questo metodo è che non sarà necessario tenere ingombrato il piano della cucina, poiché il germogliatore può essere collocato praticamente ovunque ci sia luce, una conduttura dell'acqua e uno scarico o un secchio per l'acqua dei risciacqui. L'impianto viene venduto con un raccordo a innesto rapido per l'installazione fai - da - te.

Il tipo più diffuso di germogliatore automatico si presenta come una cassettiera in miniatura provvista da due a dieci cassetti in acciaio inossidabile o in plastica. Ognuno di essi in realtà è una vaschetta posta a un'angolazione che permette la colatura. Ai tubi posti al di sopra di ogni cassetto è appesa una serie di fini nebulizzatori. Di solito il cassetto posto più in alto è coperto da plastica trasparente, che permette alla luce di raggiungere i germogli in crescita. I germogli che non hanno bisogno di luce, come i legumi e i cereali, vengono coltivati nei cassetti posti più in basso, che restano bui.

Per utilizzare il germogliatore, collegatelo con l'acqua e con l'elettricità seguendo le istruzioni della casa produttrice. Distribuite in modo omogeneo nella vaschetta la quantità indicata di semi (seguite le istruzioni dell'impianto, poiché le dimensioni dell'area coltivabile variano da modello a modello) e accendete l'impianto. I germogli verranno nebulizzati ogni due o tre ore e l'acqua in eccesso verrà fatta defluire. Se il vostro impianto ha tre vaschette, raccogliete ogni quattro o cinque giorni i germogli maturi della vaschetta posta più in alto. Spostate ora la vaschetta successiva nella posizione superiore, lavate la vaschetta vuota e date avvio a una nuova produzione. Se lo si desidera, al di sopra della vaschetta più alta potrà essere posizionata una "lampadina per la coltivazione indoor" che accelera l'inverdimento dei germogli.

Si tratta senza dubbio del metodo più semplice e pratico per la germogliazione. Se, infatti, utilizzando vasi o sacchetti si ha un maggior ingombro e impiego di tempo e si tende a dimenticare di occuparsene, una volta che in famiglia si decide di acquistare un germogliatore automatico, si è invece portati a utilizzarlo regolarmente.

Come coltivare fagioli mung e azuki

I germogli di mung e di azuki hanno un sapore migliore se vengono coltivati lontani dalla luce e sottoposti a pressione. L'esposizione alla luce tende a renderli più duri, poiché il processo della fotosintesi stimola nei germogli in crescita lo sviluppo della cellulosa, oltre che quello della clorofilla. Quando avrete finito di leggere questo paragrafo saprete come gli addetti ai lavori coltivano i bellissimi germogli che si trovano in vendita nei supermercati.

Per cominciare vi occorre un contenitore cilindrico profondo circa 25-30 cm e di diametro pari a 25-35 cm, che dovrà essere in acciaio inossidabile (non usate l'alluminio perché è chimicamente reattivo). Con un punzone o con un trapano praticate in tutto il contenitore, fondo compreso, svariati fori non più grandi di mezzo centimetro di diametro, a un intervallo di 2,5-5 cm l'uno dall'altro.

Vi occorrerà anche un piatto (o un altro coperchio) di misura tale da poter essere inserito all'interno del contenitore, e un peso per tenerlo premuto: un mattone pulito andrà benissimo a questo scopo.

Questi accorgimenti terranno la coltura al riparo dalla luce e faranno sì che durante la crescita i germogli, pressati dal peso, siano a stretto contatto l'uno sull'altro, e questo li renderà più voluminosi e succosi.

Per il contenitore delle dimensioni sopra descritte vi serviranno uno o due misurini da 250 ml di fagioli mung o di fagioli azuki crudi e non germogliati. Mettete in ammollo i fagioli in un vaso di vetro pieno d'acqua per dodici ore. Poi scolateli, sciacquateli e metteteli nel contenitore di acciaio inossidabile. Copriteli con il piatto, ma in questa fase non appoggiatevi sopra il peso.

Dovrete procurarvi anche un contenitore di plastica di colore scuro che sia leggermente più grande di quello in acciaio inossidabile, per riparare ulteriormente i germogli dalla luce.

Collocate qualche pietra o una griglia di metallo sul fondo del contenitore di plastica, poi appoggiatevi quello in acciaio inossidabile, che dovrebbe stare interamente al suo interno. Le pietre o la griglia in metallo permettono all'aria di circolare e impediscono che l'acqua in eccesso danneggi lo strato di germogli sul fondo del contenitore.

Al mattino e alla sera, estraete il contenitore di acciaio inossidabile, rimuovete il piatto e sciacquate i germogli sotto l'acqua fredda per circa due minuti. Poi lasciate colare l'acqua dai fori per qualche secondo prima di coprirli di nuovo con il piatto e di riporre il contenitore all'interno di quello di plastica.

Il terzo giorno di germogliazione, appoggiate il peso sul piatto. Continuate a sciacquare i germogli mattina e sera per altri quattro o cinque giorni, o finché saranno voluminosi e ben rigonfi. Se notate un deterioramento, provate a sciacquarli più spesso, assicurandovi che l'acqua sia ben fredda. Se anche questo non dovesse risolvere il problema, provate ad acquistare un'altra partita di semi. Se visiterete la fondazione per frequentare i corsi di due settimane o durante l'apertura settimanale al pubblico, potrete vedere tutti i metodi di germogliazione in atto.

Come raccogliere i germogli maturi

È ora giunto il momento in cui raccogliere i germogli maturi. Durante la raccolta di alcuni tipi di germogli è quasi sempre necessario eliminarne i gusci, che sono indigeribili. I fagioli azuki, l'alfalfa, il cavolo, il trifoglio, il fieno greco, i mung e i ravanelli hanno un sapore migliore se vengono sgusciati.

Inoltre, questi germogli saranno conservabili in frigorifero molto più a lungo in assenza dei gusci. Se però li coltivate al solo scopo di preparare estratti, i germogli potranno essere passati nell'estrattore completi di guscio (i gusci indigeribili dei semi di girasole andranno rimossi *prima* della germogliazione).

Le lenticchie, i piselli e i cereali germogliati non vanno sgusciati prima di essere consumati o riposti in frigorifero. Sarebbe comunque difficile il contrario, poiché i loro gusci sono morbidi e non si staccano con facilità dai semi. I germogliatori a vaschetta e l'azione della luce facilitano la sgusciatura dei germogli di alfalfa, perché le foglioline si aprono di più, facendo così cadere i gusci.

Trasferite i germogli che non avete consumato in un vasetto di vetro perfettamente pulito e fornito di coperchio, oppure in un sacchetto sigillabile di plastica, e riponeteli nel frigorifero. I germogli sgusciati, una volta ben sgocciolati e conservati nel vetro o nella plastica si mantengono per un periodo di sette-dieci giorni nel frigorifero, e continuano a crescere lentamente finché deciderete di consumarli.

La raccolta dei germogli

Come sciacquarli eliminando i gusci

Cose succede se...

Coltivare i germogli in casa è un procedimento generalmente semplice che non presenta particolari difficoltà. Tuttavia, proseguendo nella pratica, è inevitabile che si presentino dubbi e problemi. A volte un'intera coltura può guastarsi misteriosamente, praticamente da un giorno all'altro. Oppure ci si dimentica di sciacquarli e ci si domanda se siano recuperabili. La maggior parte delle volte vi renderete conto di poter risolvere il problema da soli con un po' di buon senso, ma qualche consiglio pratico può essere di aiuto.

Il problema che si incontra più spesso nel processo di germogliazione è il deterioramento dei germogli: semi di cattiva qualità, sciacquature poco regolari, eccesso di calore, acqua contaminata e ventilazione inadeguata ne sono le cause più comuni. I germogli guasti non hanno un buon sapore e possono contaminare rapidamente quelli sani; inoltre, cosa altrettanto importante, hanno perso la maggior parte del proprio valore nutritivo.

Se avrete la cautela di eliminare i semi spaccati o scheggiati prima della germinazione, ridurrete al minimo il rischio di deterioramento. Inoltre, se riempiendo d'acqua il vaso per l'ammollo notate la presenza di insetti a fior d'acqua, eliminate l'intera partita: non soltanto i germogli contenuti nel vaso, ma anche tutti quelli con cui sono stati a contatto. È meglio riporre ogni tipo di semi crudi non germogliati nel suo contenitore di vetro o plastica fornito di coperchio, per impedire agli insetti che infestano una partita di contaminarne altre. I parassiti più comuni sono i curculioni, che danneggiano i semi attaccandone il germe: il danno non è visibile, ma quando il seme germoglierà sarà in parte guasto. Perciò, occhio agli insetti.

Un altro problema che a volte si può rilevare è la scoperta di un singolo seme "duro" fra i germogli maturi. I semi "duri" sono quelli che rifiutano di germogliare: rappresentano un'assicurazione della natura contro le condizioni climatiche estreme come le inondazioni o la siccità. Anche se la maggior parte dei semi prodotti dalla pianta viene distrutta, ce n'è sempre qualcuno duro che non comincia immediatamente a germinare, ma potrà farlo in seguito, quando le condizioni saranno più favorevoli. Il numero di semi duri per chilo è estremamente variabile, e non c'è modo di individuarli solo guardandoli: si presentano come tutti gli altri semi, ma rimangono duri come sassolini. Detto ciò, i semi duri sono rari: se vi capita di trovarne un numero insolitamente alto, sostituiteli con altri di un altro fornitore.

Un problema potenziale, che prescinde dalla qualità dei semi, è la temperatura dell'ambiente. Se il caldo fuori (e dentro) si fa più intenso, installate un ventilatore nella stanza, in modo da far circolare l'aria, e sciacquate più spesso i germogli: ogni quattro o cinque ore durante il giorno, se necessario. Se utilizzate un germogliatore automatico, assicuratevi che sia collegato con l'acqua fredda, e non con quella calda.

Un altro fattore che può contribuire al deterioramento è la contaminazione dell'acqua dell'ammollo: se non è "buona", i semi possono essere attaccati da microbi e crescere mezzi marci. Se siete certi che i semi siano buoni per averli già fatti germinare, e se la stanza non è troppo calda, provate a filtrare l'acqua dell'ammollo, oppure immergeteli in acqua pura di sorgente. Anche aggiungere all'ammollo un pizzico di alga kelp o di erba di grano in polvere, può fornire oligoelementi e sostanze nutritive utili ai semi.

Se i germogli che avete raccolto hanno un sapore amaro, o una consistenza e un aroma sgradevoli, badate a non immergere la coltura successiva in un ammollo troppo prolungato e a non protrarre troppo a lungo la crescita dei germogli. Nel caso dei fagioli azuki e dei mung, siate certi di non esporli alla luce: se non avete fatto una coltura mista, dovrete tenerli al buio.

Anche la ventilazione inadeguata può contribuire al deterioramento durante il processo di germogliazione. A volte, alcuni dei germogli cresciuti nel vaso di vetro o nella vaschetta si guastano. Di solito sono quelli vicini al collo del vaso o al fondo della vaschetta, dove c'è una minore circolazione dell'aria. Se il resto della coltura è intatto, limitatevi a eliminare i germogli guasti, lavate bene gli altri sotto l'acqua fresca e continuate a farli germogliare o raccoglieteli, se maturi, e riponeteli in frigorifero. Occasionalmente, i germogli raccolti possono deteriorarsi durante la conservazione. Di solito questo accade quando qualcuno di essi, rimasto immerso in una piccola quantità d'acqua sul fondo del contenitore, comincia a decomporsi. Quando si verifica questo, limitatevi a eliminare tutti i germogli guasti che riuscite a individuare, e lavate bene gli altri: se non aspettate troppo a lungo prima di mangiarli, la coltura dovrebbe essere perfettamente consumabile.

La tabella alle pp. 92-97 dà indicazioni precise sui tempi consigliati di ammollo per i vari tipi di semi, e sulle modalità di coltivazione dei germogli fino a maturazione. Se seguirete attentamente queste istruzioni, il vostro orto domestico di germogli non vi presenterà problemi di difficile soluzione.

Creare misture ben armonizzate

Dopo averli prodotti in contenitori separati, sarà sempre possibile mescolare i diversi germogli preparando un'insalata, ma a volte può risultare pratico farli crescere insieme. Ci sono due regole generali per creare combinazioni armoniche di sapori: anzitutto, usare semi che hanno simili tempi di crescita; in secondo luogo, considerare i sapori dei semi nel determinarne la proporzione.

Quando si crea una combinazione personalizzata di semi da far germogliare, è utile farlo con un pizzico di buon senso. Se un seme matura in due soli giorni, è consigliabile mischiarlo con altri semi che richiedono da due a tre giorni. Analogamente, germogli che richiedono tempi più lunghi, come l'alfalfa, i ravanelli, i mung e altri ancora, andranno miscelati fra loro. Alcune varietà, fra cui il girasole, le lenticchie, il grano, i ceci e i fagioli dall'occhio, possono essere consumate dopo tempi di germogliazione sia brevi sia lunghi, e sono perciò facilmente combinabili con semi di entrambi i tipi.

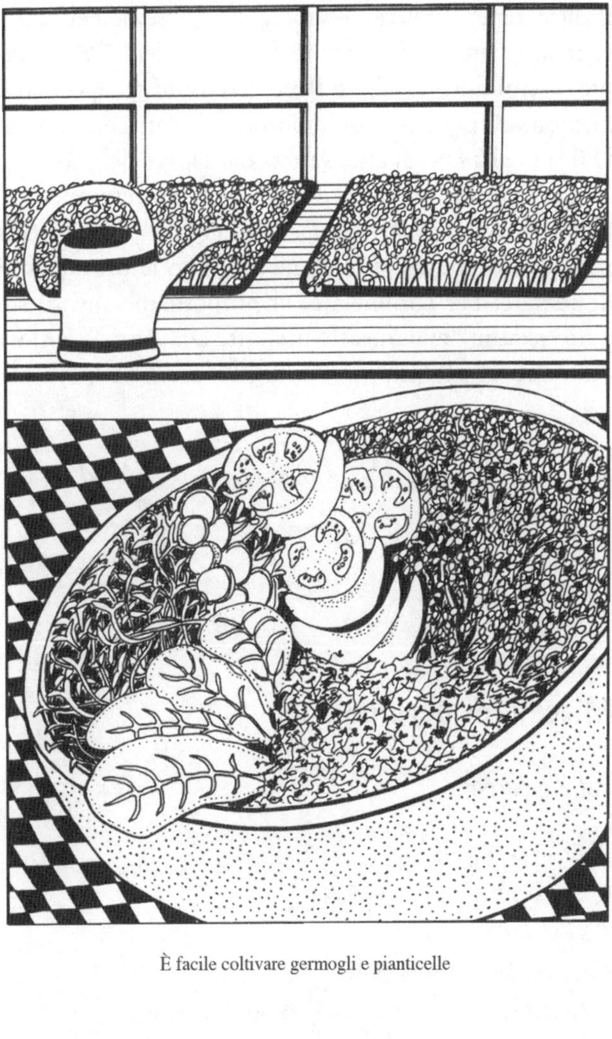

È facile coltivare germogli e pianticelle

Inoltre, tenete presente il sapore di ogni seme per determinare le proporzioni fra le diverse varietà. Per esempio, i semi di ravanelli, di fieno greco e di senape, con il loro sapore piccante, andranno combinati con almeno l'80% di alfalfa o di altre varietà dal sapore delicato.

Per coltivare le misture di semi, potrete adottare gli stessi metodi già visti per le singole colture. Con la pratica, riuscirete a calcolarne a occhio le proporzioni desiderate. Per cominciare, vi proponiamo qui di seguito alcune delle miscele preferite alla Ann Wigmore Foundation, raggruppate in base all'uso.

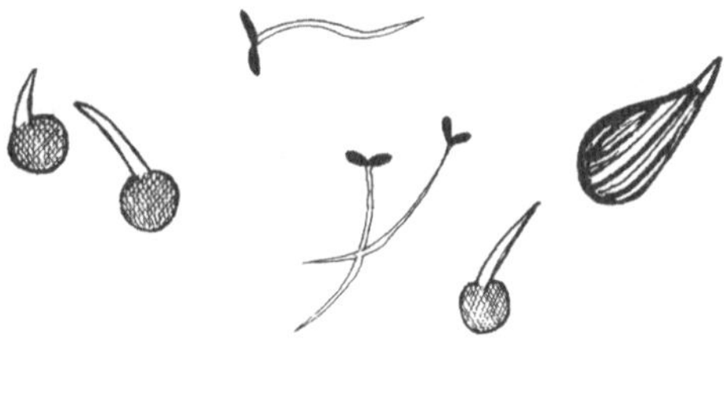

Miscele di germogli

Pane e cereali

- Grano 50%, ceci 50%
- Grano 50%, lenticchie 50%
- Grano 50%, segale 50%
- Grano 50%, girasole 50%
- Grano 33%, mandorle 33%, girasole 33%

Minestre, insalate e succhi

- Alfalfa 60%, lenticchie 25%, grano 15%
- Alfalfa 60%, cavolo 20%, girasole 20%
- Alfalfa 50%, cavolo 10%, lenticchie 10%, mung 10%, ravanelli 10%, segale 10%
- Lenticchie 50%, azuki 25%, ceci 25%
- Lenticchie 40%, mung 40%, fagioli dall'occhio 20%
- Mung 25%, lenticchie 25%, girasole 25%, grano 25%

Tabella di germogliazione

Varietà	Ammollo (ore)	Misurazione dei semi a secco*	Lunghezza a maturazione	Tempo di maturazione (in giorni)
Azuki	12	1 misurino	1,5-2,5 cm	3-5
Alfalfa	4-6	3-4 cucchiai	2,5-4 cm	4-6
Mandorle	12	1 misurino	0 cm	1
Cavolo	4-6	⅓ di misurino	2,5 cm	4-5
Ceci	12	1 misurino	1,5 cm	2-3
Trifoglio	4-6	3 cucchiai	2,5-4 cm	4-5
Mais	12	1 misurino	1,5 cm	2-3
Fagioli dall'occhio	12	1 misurino	1,5-2,5 cm	3-6
Fieno greco	8	½ misurino	1,5-2,5 cm	3-5

Consigli per la germogliazione	Informazioni nutrizionali	Utilizzo consigliato
Germogliano facilmente. Provare tempi lunghi e brevi	Proteine di alta qualità; ferro, vitamina C	Sformati, piatti orientali, insalate, tramezzini, polpettoni di germogli
Esporre 1-2 giorni alla luce per la produzione di clorofilla prima del raccolto	Vitamine A, B, C, E e K; ricchi di minerali e oligoelementi	Succhi, insalate, tramezzini, minestre, polpettoni di germogli
Gonfiano, ma non germogliano	Ricche di proteine, grassi, minerali, vitamine B e E	Pane, formaggi, dessert, condimenti, latte
Produce clorofilla a maturazione	Vitamine A, C e U; oligoelementi	Insalate, tramezzini, minestre
Mischiare con lenticchie e grano, o usare da soli	Carboidrati, fibre, proteine, minerali	Pane, sformati, salse, insalate, mousse, polpettoni di germogli
Mischiare con altri semi. Produce clorofilla	Vitamine A e C; oligoelementi	Pane, insalate, tramezzini, minestre
Usare mais dolce. Provare tempi lunghi e brevi	Carboidrati, fibre, minerali, vitamine A, B e E	Pane, cereali da colazione, piatti a base di cereali, muesli, spuntini
Crescono al buio. Provare tempi brevi e medi	Proteine, vitamine A e C, minerali	Piatti orientali, insalate, polpettoni di germogli
Sapore piccante; mischiare con altri semi	Ricco di ferro, fosforo, oligoelementi	Sformati, piatti al curry, succhi, insalate, minestre, polpettoni di germogli

Varietà	Ammollo (ore)	Misurazione dei semi a secco*	Lunghezza a maturazione	Tempo di maturazione (in giorni)
Piselli	12	1 misurino	1,5 cm	2-3
Lenticchie	12	1 misurino	0,5-2 cm	3-5
Miglio	8	1 misurino	0,5 cm	2-3
Mung	12	½ misurino	1,5-4 cm	3-6
Senape	4-6	¼ di misurino	2,5 cm	4-5
Avena	12	1 misurino	0,5-1,5 cm	2-3
Zucca	8	1 misurino	0 cm	1
Ravanelli	4-6	¼ di misurino	1 cm	4-5

Consigli per la germogliazione	Informazioni nutrizionali	Utilizzo consigliato
Usare piselli interi	Carboidrati, fibre, proteine, minerali, vitamine A e C	Sformati, salse, condimenti, insalate, minestre, polpettoni di germogli
Sapore di terra. Provare tempi brevi e lunghi. Germogli versatili	Ricche di proteine, ferro e altri minerali, vitamina C	Pane, sformati, piatti al curry, verdure marinate, insalate, minestre, mousse, polpettoni di germogli
Usare semi sgusciati	Carboidrati, fibre, vitamine B e E, proteine	Pane, sformati, cereali da colazione, insalate, minestre
Crescono al buio. Sciacquare in acqua fredda per 1 minuto	Proteine di alta qualità; ferro, potassio, vitamina C	Succhi, piatti orientali, insalate, tramezzini, minestre, polpettoni di germogli
Sapore piccante; mischiare con altri semi	Olio di senape, vitamine A, e C; minerali	Succhi, insalate, tramezzini, minestre
Cercare il tipo intero da germoglio	Vitamine B ed E, proteine, carboidrati, fibre, minerali	Pane, sformati, cereali da colazione, minestre, polpettoni di germogli
Gonfia, ma non germoglia	Proteine, grassi, vitamina E, fosforo, ferro, zinco	Pane, cereali da colazione, formaggi, dessert, condimenti, latte, spuntini, polpettoni di germogli, yogurt
Sapore piccante; mischiare con altri semi. Producono clorofilla	Potassio, vitamina C	Condimenti, succhi, piatti della cucina messicana, insalate, tramezzini, minestre

Varietà	Ammollo (ore)	Misurazione dei semi a secco*	Lunghezza a maturazione	Tempo di maturazione (in giorni)
Segale	12	1 misurino	0,5-1,5 cm	2-3
Sesamo	4-6	1 misurino	0 cm	1-2
Girasole	8	2 misurini	0-1,5 cm	1-3
Triticale	12	1 misurino	0,5-1,5 cm	2-3
Crescione d'acqua	4-6	4 cucchiai	1,5 cm	4-5
Grano	12	1 misurino	0,5-1,5 cm	2-3

* In misurini da 250 ml, per un vaso da 2 l.

Consigli per la germogliazione	**Informazioni nutrizionali**	**Utilizzo consigliato**
Provare mischiata con grano e lenticchie	Vitamine B e E; minerali, proteine, carboidrati	Pane, cereali da colazione, muesli, latte, insalate, minestre
Germoglio piccolo, diventa amaro se germina troppo a lungo	Ricco di proteine, calcio e altri minerali, vitamine B e E, grassi, fibre	Pane, caramelle, cereali da colazione, formaggi, condimenti, latte, insalate, yogurt
Usare semi sgusciati; mischiare con alfalfa e far germinare 4-5 giorni	Ricco di minerali, grassi, proteine, vitamine B e E	Pane, cereali da colazione, formaggi, dessert, condimenti, latte, insalate, minestre, polpettoni di germogli, yogurt
Cereale ibrido come il grano	*Vedi* grano	*Vedi* grano
Piccante; mischiare con altri semi	Vitamine A e C, minerali	Pane, guarnizioni, insalate, tramezzini.
Provare tempi brevi e lunghi. Per un sapore più dolce, mischiare con altri semi	Carboidrati, proteine, vitamine B e E, fosforo	Pane, cereali da colazione, dessert, muesli, latte, insalate, spuntini, minestre

Capitolo 7

Come crescere le pianticelle in casa

«Possedere un po' di terra, lavorarla con una zappa, piantare i semi e osservare la vita che si rinnova: è questa la più diffusa gioia del genere umano, quanto di più soddisfacente un uomo possa fare».

CHARLES DUDLEY WARNER

Le pianticelle fresche di girasole e di grano saraceno sono gustosi ingredienti di una dieta sana. A differenza dei germogli, la cui crescita non richiede più di cinque o sei giorni e che non hanno bisogno di terra, queste piantine coltivabili in casa si coltivano in 2-3 cm di terriccio per un periodo di circa sette giorni. Sia da un punto di vista nutritivo, sia per il sapore, possono sostituire la più costosa lattuga e le altre insalate in commercio. Coltivare la propria insalatina fresca in casa non presenta alcuna difficoltà, specialmente se si stanno già coltivando i germogli. Occorrerà comunque utilizzare tecniche e attrezzature differenti. Questo capitolo si concentra proprio su queste differenze.

Alla fondazione di Boston abbiamo creato un sistema di orticoltura casalinga per la coltivazione di pianticelle di grano saraceno e di girasole: scoprirete che il sistema di coltivazione domestica degli alimenti vivi è praticamente autosufficiente. Non richiede molto tempo e impegno, né costose attrezzature. La prima differenza rispetto alla coltivazione di germogli è che dovrete acquistare semi di girasole non sgusciati; anche i semi di grano saraceno dovranno essere ancora provvisti di guscio. Entrambi andranno poi fatti germogliare nei vasi di vetro per un giorno, per poi essere trasferiti su uno strato di terriccio di 2-3 cm e innaffiati. A questo punto i semi vengono coperti e messi al riparo dalla luce per tre giorni. Il quarto giorno si rimuove la copertura e la coltura viene esposta a luce indiretta. Le pianticelle vengono innaffiate ogni giorno fino al momento del raccolto. Per informazioni sulla coltivazione dell'erba di grano (un alimento versatile e nutriente dalle numerose virtù terapeutiche) nel proprio orto casalingo, rimandiamo a *The wheatgrass book* [Wigmore, A., *Erba di grano*, Macro Edizioni, Cesena 2015; *N.d.T.*].

Le pianticelle di grano saraceno e di girasole

Il grano saraceno è una pianta dai semi piccoli e scuri la cui forma è approssimativamente triangolare. È coltivato per essere utilizzato come cereale nel Nord-Est e nelle regioni del Centro-Nord degli Stati Uniti e in altri Paesi del mondo. Personalmente coltivo da anni le pianticelle di grano saraceno nel mio orto casalingo, soprattutto per consumarle in insalata. Le pianticelle di sette giorni di grano saraceno hanno bei gambi rossi ricchi di sostanze nutritive e foglioline tonde di colore verde scuro. Sono un'eccellente fonte di clorofilla, vitamine A e C, calcio e lecitina (una sostanza grassa preziosa nella dieta, perché aiuta l'organismo a eliminare il colesterolo in eccesso). Con le pianticelle di grano saraceno si possono preparare anche succhi e minestre.

I semi di girasole, con il loro guscio striato banco e nero sono acquistabili nei negozi di alimenti naturali, e in condizioni favorevoli crescono rapidamente fino a diventare piante mature capaci di produrre i fiori color giallo-oro che in campagna sono per tutti uno spettacolo familiare. Le piantine di girasole di sette giorni hanno senz'altro un aspetto meno appariscente dei girasoli fioriti con il loro lungo stelo ondeggiante, ma sono ingredienti eccellenti per la preparazione di insalate: contengono infatti le sostanze nutritive presenti nei germogli di girasole (vedi p. 62), con l'ulteriore beneficio della clorofilla. Insieme alle pianticelle di grano saraceno, rappresentano da molti anni uno dei pilastri dello stile di vita degli alimenti vivi. Come le pianticelle di girasole, possono essere usate anche per preparare passati di verdura.

Come allestire un orto in casa

Il primo passo per allestire il vostro orto in casa sarà trovare un'ubicazione per le vaschette in cui pianterete e coltiverete i semi. Vi occorrerà anche un posto in cui tenere i semi e il terriccio o il compost. Poiché abito al terzo piano della sede di Boston della nostra fondazione, per comodità coltivo e tengo tutta la mia attrezzatura direttamente in cucina. Se abitate in una casa monofamiliare, forse troverete più pratico allestire il vostro orto in cantina, in garage, nella veranda, o magari proprio nella cucina, come ho fatto io. Si può anche decidere di riservare a ogni operazione uno spazio diverso, per esempio conservare il terriccio e seminare in soffitta, allestire le vaschette sul davanzale delle finestre del primo piano, o mettere in ammollo i semi in vasi di vetro accanto all'acquaio. Qualunque sia la vostra decisione, avrete comunque bisogno di molta luce indiretta per le piantine in crescita, e di un posto caldo per avviare la coltivazione nelle vaschette duranti i mesi invernali (una temperatura di 18-24 °C è ideale).

Come coltivare le pianticelle in casa

Se userete il metodo che consiglio, dovrete cercare del buon terriccio e della torba di sfagno, oppure un misto di terriccio e compost (vedi p. 111). Il terriccio è lo strato profondo 30-50 cm di terra scura che si trova immediatamente sotto l'erba del prato di casa vostra, o sotto le foglie che coprono la superficie di un'area boschiva. Se abitate in un'area urbana, non mettetevi a fare buche in un parco pubblico, ma fate una gita fuori città per trovare del buon terriccio, oppure compratelo in grossi sacchi da un fioraio o in un negozio specializzato in articoli da giardinaggio.

Quando si asporta il terriccio da un bosco, specialmente dove crescono i pini, è consigliabile mescolare un misurino da circa 250 ml di calce in polvere in un fusto di terriccio. Questo serve a compensare l'acidità del terreno e a rendere più saporite e più facili da coltivare le piantine del vostro orto domestico. La calce è un prodotto economico ed è reperibile in qualunque vivaio. Il normale terriccio dei prati coltivati non richiede l'aggiunta di calce, ma per non rischiare potrete incorporarne una o due manciate a ogni fusto di terra. Se non mischiate compost al terriccio, potrete aggiungervi torba di sfagno (acquistabile nei vivai), in rapporto di tre parti di terriccio a una di torba. Se utilizzate compost proveniente da un giardino, è consigliabile setacciarlo per eliminare pietre di grosse dimensioni, pezzi di legno e altri detriti prima di mescolarlo con il terriccio. Non utilizzate compost trattato con concime di origine animale, perché potrebbe contenere batteri nocivi.

Per produrre una vaschetta di pianticelle di grano saraceno e una di pianticelle di girasole al giorno, dovrete cominciare con almeno due fusti pieni di terriccio e mezza balla di torba di sfagno. Inoltre vi occorreranno ancora due fusti vuoti per avviare il compostaggio del terriccio già utilizzato per le precedenti colture. Quattro fusti, due dei quali pieni di terra, e mezza balla di torba di sfagno copriranno il vostro fabbisogno per qualche settimana. Di lì in poi sarete in grado di riutilizzare il terriccio delle vecchie colture che avrete riciclato nei due fusti per il compostaggio.

Coltivazione delle pianticelle di grano saraceno
Ammollo, colatura e seminagione dei semi

Coprire le vaschette per tre giorni, poi scoprirle ed esporre alla luce indiretta

Per piantare i semi, consiglio di acquistare vaschette di plastica rigida. Le ditte di forniture per i ristoranti vendono spesso vassoi delle dimensioni di 25 x 35 cm. A differenza delle vaschette dei vivai, che possono essere utilizzate per la germogliazione dei semi, i vassoi dei ristoranti self-service sono poco profondi e non sono forati. Vi occorrerà un altro vassoio per coprire ciascuna coltura per i primi tre giorni di crescita delle piantine. Se avete programmato di raccogliere ogni giorno le piantine di un vassoio, avviate la coltivazione con circa dieci vassoi; quindici vi permetteranno di produrne ogni giorno uno di pianticelle di grano saraceno e uno di pianticelle di girasole.

Per mettere in ammollo i semi di grano saraceno e di girasole, avrete bisogno di qualche vaso di vetro a bocca larga. Mentre i semi sono in ammollo e cominciano a germogliare, coprite ogni vaso con un quadrato di reticella in nylon tenuto fermo con un elastico (vedi descrizione nel Capitolo 9).

Oltre all'acqua e a un po' di pazienza, l'unica cosa che ancora vi occorre sono i semi. Quando acquistate quelli di grano saraceno o di girasole allo scopo di coltivarne le pianticelle, scegliete quelli provvisti di guscio. Se possibile, procuratevi semi da coltivazione biologica, perché avrete la certezza che non siano stati trattati con sostanze chimiche. La quantità di semi da utilizzare varia a seconda delle dimensioni del vassoio, ma un misurino da circa 200 ml di semi di girasole e uno da circa 150 ml per quelli di grano saraceno generalmente sono la quantità giusta per un vassoio da 25 x 35 cm.

Istruzioni per la semina

Prima di seminare, lavate i semi per eliminare la polvere e le impurità. Poi metteteli in un vaso di vetro che riempirete d'acqua. Coprite con una garza o reticella e lasciate riposare per una notte (o per dodici ore). Scolate i semi, sciacquateli bene e lasciateli germogliare nel vaso inclinato ad angolo di 45° per altre dodici ore.

Dopo che i semi avranno germogliato per dodici ore, spargete uno strato di terra di 2-3 cm sul fondo di un vassoio, spianandola bene e lasciando piccoli solchi lungo tutto il margine per raccogliere l'acqua in eccesso. Versate i semi germogliati al centro del vassoio e con le mani spargeteli in modo uniforme su tutta la superficie, coprendo il terriccio. L'ideale sarebbe che ogni seme toccasse quello vicino senza sovrapporsi a nessun altro. Spruzzate il vassoio di acqua finché la terra sarà ben umidificata, ma non fradicia, e coprite con un altro vassoio.

Il secondo vassoio, usato come copertura, funge da mini-serra perché mantiene umidità e calore nella coltura e al tempo stesso la tiene al riparo dalla luce. Dopo avere innaffiato e coperto il vassoio, riponetelo per tre giorni.

Trascorso questo periodo, scopritelo, innaffiate bene la coltura ed esponetela alla luce indiretta. Più luce le piantine catturano, più le foglioline saranno grandi e spesse, mentre la scarsità di luce produrrà pianticelle alte dal gambo lungo e sottile con foglioline minuscole. Un buon equilibrio di luce indiretta e ombra produce pianticelle voluminose e succose.

Se scoprendo un vassoio vi accorgete che al posto delle piantine è cresciuta della muffa di colore verde-azzurro, è probabile che abbiate utilizzato semi di scarsa qualità, oppure che abbiate lasciato per troppo tempo i semi in ammollo. Un'altra possibilità è che, dopo la semina, abbiate bagnato troppo la coltura. Riprovate con altri semi e con una minor quantità di acqua, e assicuratevi che il punto in cui avete collocato il vassoio non sia troppo caldo. La temperatura dovrebbe essere compresa fra 18 e 24 °C.

Quando avrete esposto le pianticelle alla luce indiretta, sarà necessario irrigarle ogni giorno o ogni due giorni, a seconda del clima, dell'umidità dell'aria e della temperatura dell'ambiente. La prima o seconda volta che bagnerete le piantine, mescolate all'acqua un cucchiaio di alga kelp in polvere, così da aggiungere oligoelementi e iodio che le pianticelle assorbiranno. Il terriccio non dovrebbe mai essere fangoso, ma ben umidificato per tutto il tempo. Se accidentalmente vi capita di lasciar seccare un vassoio, resistete alla tentazione di sommergerlo di acqua, perché non farete che traumatizzare ulteriormente le piantine. Limitatevi invece a inumidire il terriccio, e assicuratevi che non secchi di nuovo nei giorni successivi. Non preoccupatevi se le piantine non si drizzano più: l'afflosciamento è dovuto alla mancanza d'acqua, ma le pianticelle saranno comunque ottime da mangiare.

Dopo circa una settimana, le piantine avranno raggiunto l'altezza di 12-20 cm e saranno mature per il raccolto. Nelle stagioni più fredde, è probabile che la maturazione richieda un po' più di tempo, mentre nel pieno clima estivo le pianticelle possono raggiungere 25 cm in cinque giorni. La tabella seguente riassume le indicazioni di base per le pianticelle coltivabili in casa.

Per raccogliere le pianticelle di grano saraceno e di girasole, tagliatele il più vicino possibile alle radici, cercando di non asportare anche il terriccio: molte sostanze nutritive sono concentrate nella parte più bassa

Tabella per la coltivazione dell'orto in casa

Varietà	Ammollo (ore)	Misurazione dei semi a secco*	Tempo di germinazione (ore)	Lunghezza a maturazione
Grano saraceno	12	½ misurino	12	12-20 cm
Girasole	12	¾ di misurino	12	12-20 cm

* In misurini da 250 ml, per un vassoio da 25 x 35 cm.

degli steli. Un coltello affilato e un movimento a sega permetteranno di tagliare agevolmente.

Se insieme alle piante si asporta un po' di terra, limitatevi a sciacquare in acqua le estremità delle radici prima di utilizzarle per preparare succhi o prima di mangiarle. Non sciacquate le piantine se intendete riporle in frigorifero, perché l'umidità ne accelera la decomposizione. Le pianticelle di grano saraceno e di girasole si conservano in frigorifero per sette-dieci giorni. Tuttavia, più le consumerete fresche e più saranno saporite e nutrienti.

	Tempo di maturazione (giorni)	Informazioni nutrizionali	Utilizzo consigliato
	7	Clorofilla, vitamine A e C, calcio, lecitina	Succhi, insalate, minestre
	7	Clorofilla, vitamine A e C, minerali	Succhi, insalate, minestre

Lista di controllo per le operazioni di semina

Come guida pratica per chi coltiva un orto di pianticelle in casa, riportiamo qui una sintesi delle fasi che abbiamo appena trattato.

- Mischiate due o tre fusti di terriccio con torba di sfagno in rapporto 3 a 1, oppure con compost setacciato in rapporto 1 a 1; procuratevi da 10 a 15 vassoi di plastica rigida come quelli in uso nei ristoranti self-service, diversi vasi di vetro a bocca larga e semi di grano saraceno e di girasole provvisti di guscio.
- Lavate i semi e metteteli in ammollo per dodici ore, poi fateli germinare per dodici ore.
- Spargete il terriccio sui vassoi per uno spessore di 2-3 cm, lasciando dei solchi lungo il margine per raccogliere l'acqua in eccesso; spianate bene il terriccio e cospargetevi i semi germogliati.
- Innaffiate la coltura, copritela con un altro vassoio e riponetela per tre giorni.
- Il quarto giorno scoprite il vassoio, bagnatelo ed esponetelo alla luce indiretta; continuate a innaffiare la coltura ogni giorno o ogni due giorni, a seconda della necessità, per tenerla ben umidificata.
- Quando raggiungono 18-25 cm di altezza, raccogliete le pianticelle mature con un coltello affilato, tagliandole il più vicino possibile alle radici e cercando di non asportare anche il terriccio; con-

sumate le pianticelle prima possibile, e riponete in frigorifero quelle che non utilizzate chiudendole in contenitori di plastica o di vetro sigillabili.

Come rigenerare il terriccio con il compostaggio

Dopo il raccolto delle pianticelle mature, ciò che resta della coltura è un tappeto di radici e di steli recisi che potrà essere agevolmente riciclato per produrre nuovo terriccio da utilizzare di lì a qualche settimana. Questo processo di riciclaggio si definisce compostaggio.

Il compostaggio è il sistema adottato dalla natura per creare e conservare la fertilità del suolo. Nella foresta, il terreno è coperto dalle foglie e dai rami caduti, che formano un ricco compost per la continua crescita degli alberi. Infatti, tutto ciò che è stato prelevato dal suolo per nutrire le piante che crescono deve essere restituito al suolo stesso mediante la decomposizione delle sostanze vegetali e animali, così da continuare a sostenere la crescita di nuova vita. Il compost è un miscuglio di terra e di residui vegetali che si decompongono formando un ricco humus grazie all'azione dei lombrichi, dei microrganismi e degli enzimi presenti nel suolo.

Le moderne tecniche di coltivazione utilizzate dai coltivatori agroindustriali spesso dimenticano di reintegrare le sostanze oligominerali e la materia organica che le colture crescendo estraggono dal suolo. A volte si cerca di reintrodurre alcuni di questi elementi vitali mediante l'uso di fertilizzanti chimici. Purtroppo, però, queste sostanze artificiali non contengono il nutrimento necessario a mantenere in vita tutti gli enzimi, i vermi e i microrganismi che popolano il suolo e si cibano di materia organica, e dopo qualche anno di sfruttamento agroindustriale, il terreno diventa un deserto inutilizzabile in cui a malapena riescono a crescere le erbe infestanti. Ettaro dopo ettaro, ogni anno i terreni agricoli di tutto il mondo vengono depauperati in questo modo.

Il compostaggio è una possibile soluzione al problema dell'impoverimento del suolo: è un modo di rigenerare il terriccio esausto e di ripristinare l'equilibrio naturale del soprassuolo. In presenza di materiale organico, gli enzimi e gli organismi del suolo, come l'utilissimo lombrico, prosperano e si moltiplicano, arricchendo il terreno e cedendo alle piante che vi crescono sostanze nutritive della migliore qualità. È precisamente così che la natura ha finora preservato la vegetazione della Terra, e su larga scala è solo in questo modo che potremo assicurarci che il suolo resti abbastanza fertile da produrre cibo per i nostri figli e per i figli dei nostri figli.

Un importante collaboratore nel nostro mucchio di compost casalingo è il lombrico, il cui lavoro è digerire materiale organico e convertirlo in ricche sostanze nutritive per le piante. L'humus prodotto dai lombrichi rappresenta una preziosissima fonte di azoto, minerali e altre sostanze nutritive. Rispetto al normale soprassuolo, le loro secrezioni contengono azoto in misura quintupla, fosfato in quantità sette volte superiore e una percentuale di potassio undici volte maggiore.

Potrete procurarvi i lombrichi raccogliendoli in un mucchio di compost o in una vecchia catasta di foglie, oppure potrete acquistarne in qualunque negozio di attrezzatura da pesca. Chiedete la varietà *Eisenia fetida* e aggiungetene almeno un paio di manciate al vostro compost. La natura si occuperà del resto: i lombrichi cominceranno a lavorare producendo ogni ventiquattr'ore il loro stesso peso in humus.

Istruzioni per il compostaggio

Per avviare il vostro sistema di compostaggio casalingo, vi occorreranno due fusti vuoti provvisti di coperchio. Con un trapano, praticate tutt'intorno al fusto tanti fori che distino 5 cm gli uni dagli altri, e forate qua e là anche il fondo. Posizionate sotto ogni fusto un contenitore poco profondo, così da raccogliere il liquido di scolo: il coperchio di un bidone dell'immondizia rovesciato si presta bene allo scopo. È inoltre consigliabile che il fusto poggi su supporti alti 3-5 cm, per permettere la circolazione dell'aria: un paio di mattoni da costruzione andranno benissimo.

Quando raccogliete le pianticelle, rompete i panetti di terriccio in più pezzi e collocateli sul fondo del fusto, formando un primo strato sul quale spargerete scarti di ortaggi o la polpa spremuta che viene espulsa dalla centrifuga o dall'estrattore. A questo punto deponete sul mucchio i lombrichi e copriteli con un altro strato di terriccio ricavato dalle vecchie colture (*non* utilizzate scarti di frutta, perché possono causare colature eccessive di liquido; conservate gli avanzi e la polpa di verdura in contenitori sigillabili fino a quando avrete abbastanza terriccio per coprirli). Via via che raccogliete le pianticelle, ripetete questa procedura depositando uno strato sull'altro, ma senza più aggiungere lombrichi, finché il fusto sarà pieno, poi coprite con il coperchio. Mischiate al compost anche una manciata di calce per ogni fusto per mantenere il terreno leggermente alcalino.

Quando il fusto è pieno, la decomposizione dei vecchi panetti di terriccio e della materia vegetale si intensifica. Se i fusti sono in un ambiente caldo, senza però essere esposti alla luce diretta, il compost si trasformerà in ricco terriccio, pronto per l'uso nel giro di due o tre mesi. Se intendete utilizzarlo prima, nel giro di uno o due mesi, rimuovete il coperchio ogni settimana e mescolate il contenuto del fusto usando una pala. In questo modo il materiale verrà esposto a più ossigeno e la decomposizione ne verrà accelerata.

Per capire quando il compost è pronto, raccoglietene un po' con una paletta ed esaminatelo: se è friabile e scuro, e se non avvertite cattivo odore, e non vedete traccia degli scarti in decomposizione, il compost è pronto. Per il suo utilizzo nelle colture, mescolatelo con il 25% di torba di sfagno. Potrete tenere i fusti di compost in cantina, sul balcone, in veranda, oppure in un ripostiglio. Una soluzione ancor migliore è acquistare dei contenitori dall'aspetto gradevole, provvisti di ruote e coperchi ermetici, e tenerli direttamente in cucina, dove sono più accessibili. Non dovrete preoccuparvi per gli odori sgradevoli, se adotterete questo semplice sistema di compostaggio: il terriccio ricavato in modo corretto ha un piacevole odore di bosco.

Se sotto al fusto si raccoglie più di qualche goccia di liquido, probabilmente il compost è troppo umido. Per eliminare qualsiasi odore, spargetevi qualche manciata di calce e rimestate con una pala. Spargetene ancora un po' sulla superficie, e poi chiudete il coperchio. Per evitare questo inconveniente, coprite completamente gli scarti vegetali con il terriccio esausto e non aggiungete mai al compost del terriccio appena innaffiato, ma lasciatelo seccare finché sarà umido ma non più bagnato, e coprite l'ultimo strato con una manciata di calce.

Lista di controllo per il compostaggio

Qui di seguito riassumiamo i punti principali di questo semplice sistema di compostaggio:

- procuratevi due fusti e con un trapano praticatevi dei fori distanti 5 cm l'uno dall'altro.
- Rompete i panetti di terriccio esausto e collocateli sul fondo del fusto, seguiti da scarti e polpa di frutta e verdura spremuta, poi da qualche lombrico e da un altro strato di terriccio esausto; se avete altro terriccio, continuate questa sequenza di strati, ma senza aggiungere altri lombrichi, finché il fusto sarà pieno; ricordate di coprire sempre il fusto.
- Lasciate riposare per due o tre mesi, finché il compost sarà pronto e potrà essere mischiato con il 25% di torba di sfagno prima di avviare una coltura; per accelerare il processo di compostaggio, potrete rimestare ogni settimana il contenuto del fusto, in modo che il compost sia pronto entro uno o due mesi.

Se invece avete un mucchio di compost in giardino che curate regolarmente senza ricorrere a concimi animali, potrete riciclare lì il vostro terriccio esausto. Durante i mesi invernali, però, è consigliabile avere una scorta di compost e qualche fusto in maturazione in ambiente chiuso. Alla fondazione, ogni uno-due anni spediamo il compost alla nostra mini-fattoria in cambio di una fornitura di compost fresco. Quello vecchio viene interrato nell'orto, dove si rigenera in modo naturale: si tratta di una rotazione ideale, perché il terreno ogni tanto ha bisogno di essere esposto all'aria, alla pioggia e al sole, per rimanere sano ed equilibrato.

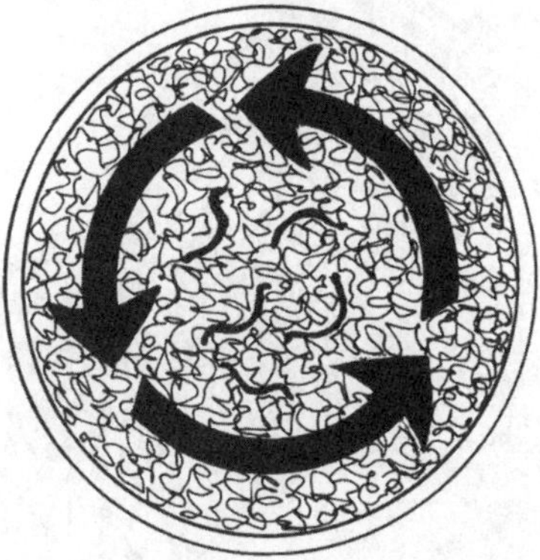

Il compostaggio è un modo per riciclare il terriccio

L'orticoltura indoor è un modo semplice, economico, sano ed ecologicamente efficiente di integrare la propria dieta. Come la coltivazione di germogli, questa attività ci aiuta ad assumerci la responsabilità della nostra salute. Inoltre, coltivare un orto nella propria casa e praticare al tempo stesso un corretto metodo di compostaggio permette di creare un sistema pressoché autosufficiente, con la soddisfazione di sapere che nel nostro piccolo stiamo facendo qualcosa di importante per rigenerare le risorse naturali della Terra.

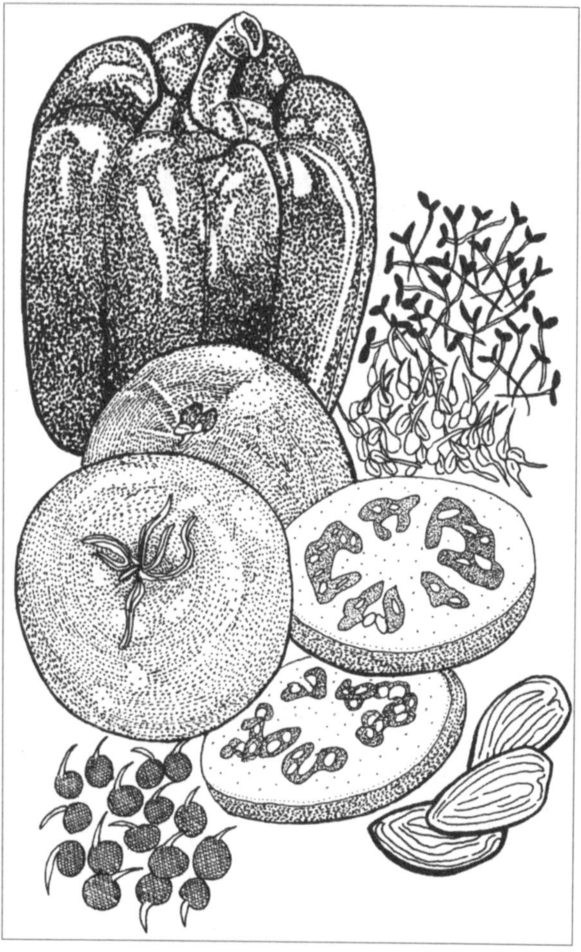

Alimenti vivi

Capitolo 8

Alcune ricette semplici con i germogli

«Le grandi querce crescono da piccole ghiande».

David Everett

Le ricette di questo capitolo indicano come preparare una gran varietà di piatti squisiti senza cucinare. Gli alimenti vivi comprendono, fra l'altro, i germogli, gli ortaggi freschi e la frutta fresca. Per preservare le vitamine, i minerali, le proteine, i grassi, i carboidrati, gli enzimi, la clorofilla e gli altri fattori alimentari biogenici e bioattivi, gli alimenti vivi non devono mai essere sottoposti a cottura.

Per prepararli li si può frullare, macinare, ridurre in purea, fermentare, marinare, essiccare o se ne può estrarre il succo. Gli ingredienti per le insalate possono essere semplicemente tagliati o strappati a pezzetti, per essere poi mescolati; i dessert possono essere refrigerati o surgelati. In questo modo, gli alimenti vivi vengono combinati per dare un'interessante varietà di colori, consistenze e sapori, senza compromettere la buona alimentazione indispensabile per una buona salute.

Nella prima parte di questo capitolo troverete una presentazione dell'attrezzatura e dei metodi utilizzati per preparare ricette di alimenti vivi a base di germogli. Inoltre, il capitolo contiene indicazioni che vi aiuteranno a ottenere il massimo con il minimo impiego di tempo e di energia.

Preparazione

Per preparare queste ricette, probabilmente occorrerà un piccolo investimento in attrezzatura da cucina. Un buon frullatore a più velocità sarà utile per produrre bevande, condimenti, formaggi, yogurt, minestre e una serie di piatti completi e nutrienti. Altrettanto essenziale è un buon estrattore: il frullatore non lo sostituisce perché in un frullato, la frutta e la verdura vengono semplicemente ridotte allo stato liquido, mentre l'estrattore spreme il succo e lo separa dalla polpa. Personalmente, agli ospiti della Ann Wigmore Foundation di Boston di solito consiglio l'estrattore Champion per la sua versatilità.

Tuttavia, i germogli e le pianticelle sono troppo delicati per essere passati in un estrattore Champion. Alla Ann Wigmore Foundation per passare i germogli e le pianticelle utilizziamo estrattori speciali a bassa velocità, prodotti proprio a questo scopo. Per ottenere i risultati migliori a casa, sarebbe consigliabile procurarsene uno.

Per preparare le insalate vi occorreranno anche qualche coltello ben affilato, un tagliere di dimensioni adeguate e una grattugia per ortaggi. Un colino di acciaio inossidabile a maglia fine è importante per preparare gli alimenti frullati, compresi i succhi e altre bevande.

Ovviamente l'attrezzatura per la coltivazione dei germogli descritta nel Capitolo 6 (vasi, filtri e semi) è essenziale. Anche gli accessori per la semina descritti nel Capitolo 7 (vaschette e semi) sono consigliati. Per preparare il *Rejuvelac*, una bevanda nutriente molto apprezzata dagli ospiti della fondazione, saranno necessari svariati altri vasi da 2 l, completi di garza o reticella di nylon per coprirne la bocca. Il *Rejuvelac* si prepara aggiungendo acqua ai chicchi di grano germinato ed è un ingrediente richiesto da alcune delle nostre ricette di germogli.

Per la preparazione del pane, si ottengono i risultati migliori con l'impiego di un essiccatore. Nello stile di vita degli alimenti vivi, questo utile elettrodomestico sostituisce il forno: è usato per disidratare *chips* di ortaggi, cialde di cereali, frutta fresca (quando è conveniente e di stagione), basi per torte e crostate, pane e panetti di semi. Le ricette di questo capitolo produrranno comunque ottimi risultati se si utilizzerà un normale forno a temperatura bassissima (circa 40 °C): i tempi di essiccazione potranno però essere più lunghi.

Per eseguire le ricette vi occorrerà molto spazio sul piano della cucina. Inoltre potrebbe essere utile lasciar libero dello spazio sul frigorifero per appoggiarvi lo yogurt e il formaggio di semi durante la fermentazione: infatti, in un ambiente caldo, il tempo richiesto per completare il processo di fermentazione è minore. Lasciate questi prodotti nei vasi di vetro, coperti con una garza o un panno puliti.

Ingredienti da tenere a portata di mano

Per disporre di un'abbondante scorta di germogli, reintegrate regolarmente le vostre provviste di semi, noci, cereali e legumi. Riponete ogni varietà nel suo vaso di vetro o di plastica, e assicuratevi che ogni barattolo sia chiuso ermeticamente e provvisto di etichetta.

Anche la frutta secca e quella fresca non dovrebbero mai mancare nella vostra cucina. I negozi di alimenti naturali offrono un'ampia scelta di frutta secca: la qualità migliore da acquistare è quella non solforata, soprattutto per la frutta essiccata al sole. La frutta fresca dovrebbe sempre essere usata quando è matura, e il più possibile quando è di stagione; potrete comunque usare l'essiccatore per disidratare la frutta fresca e metterla via per un utilizzo successivo.

Comprate spesso quantità abbondanti di ortaggi freschi e riponete in frigorifero quelli che non utilizzate subito (cioè in giornata); teneteli in contenitori di vetro o di plastica provvisti di coperchio. La refrigerazione tende a estrarre l'umidità dagli alimenti, che diventano flosci e vizzi, se non vengono protetti in appositi contenitori chiusi.

Come utilizzare le ricette

Per ottenere i migliori risultati, ricordate che queste ricette intendono fornirvi una guida per la creazione di pasti saporiti ed equilibrati. Non abbiate paura di improvvisare quando preparate gli alimenti vivi: non sarà per esempio necessaria la precisione richiesta per la cottura al forno degli alimenti a base di farina bianca. Il requisito di base sarà soprattutto il buon senso. Se qualcosa vi sembra troppo secco, aggiungete del liquido; se il piatto manca di sapore, aggiungete spezie o condimenti come il *tamari* (salsa di soia naturale). Siate creativi e adattate le ricette al vostro gusto.

In molte ricette troverete indicazioni riguardo al numero di giorni in cui far germinare i semi. Queste indicazioni, che appaiono in parentesi, vi aiutano a utilizzare i germogli al giusto punto di maturazione per le diverse ricette. In generale, quelli utilizzati per le insalate vengono fatti crescere di più e contengono più acqua di quelli adatti a preparare polpettoni o salse.

Per avere la massima freschezza, non lavate gli ortaggi freschi fino al momento in cui state per utilizzarli. Per contro, i semi non germinati, compresi quelli oleosi, vanno messi in ammollo per una notte in acqua pura di sorgente (salvo diversa indicazione). L'ammollo, ossia la prima fase del processo di germinazione, migliora la digeribilità e il valore nutrizionale di noci, nocciole e semi, che sono difficili da far germogliare. Anche la frutta essiccata va messa in ammollo per una notte, ma per un motivo diverso: in questo modo diventa più facile lavorarla e il suo sapore ne risulta esaltato.

Misurate le quantità dei germogli che avete raccolto pressandoli delicatamente in un misurino o in un cucchiaio: poiché lo spazio fra i germogli varia nelle diverse fasi dalla coltivazione al raccolto, questo procedimento garantirà conformità alle ricette.

Ognuna delle ricette di questo capitolo è ideata per due porzioni. Quelle dedicate al pane permetteranno di confezionare due o più pagnotte piccole, ossia circa mezzo chilo di pane in tutto. Naturalmente, le dosi potranno essere adattate per qualunque numero di persone. Poiché però la freschezza degli ingredienti è importante, non conservate gli avanzi per più di uno o due giorni. Riponeteli in frigorifero in contenitori ermetici di vetro o plastica.

Ricette

In queste ricette si utilizza come misurino un recipiente (come ad esempio una tazza) con una capacità di 250 ml.

Ricette di base

Rejuvelac

Ingredienti

½ misurino di grano tenero per pasticceria
1,5 l di acqua di sorgente o filtrata

Preparazione. Mettete in ammollo il grano in un vaso di vetro da 2 l coperto di garza o reticella di nylon per 10-15 ore. Scolate l'acqua (non sciacquate i chicchi di grano) e fate germinare per 2 giorni. Trascorso questo tempo, versate dell'acqua sui germogli (usatene in quantità tripla rispetto a quella dei germogli). Coprite e lasciate a temperatura ambiente per 24 ore. A questo punto versate il *Rejuvelac* liquido in un altro vaso, coprite e riponete in frigorifero, dove potrete conservarlo per alcuni giorni.

I germogli di grano possono essere riutilizzati due volte per realizzare altro *Rejuvelac*. Cominciate versandovi sopra dell'altra acqua, e procedete come sopra.

Per ottenere del *Rejuvelac* dal sapore più intenso, potete adottare questo metodo alternativo. Macinate dei germogli di grano dell'età di un giorno passandoli al frullatore con poca acqua. Versate in un vaso da

2 l aggiungendo l'acqua rimanente, coprite con garza o reticella di nylon e lasciate riposare per 3 giorni. Il *Rejuvelac* sarà pronto per l'uso il terzo giorno: avrà un profumo gradevole e un leggero sapore di limone e si potrà conservare in frigorifero in un vaso coperto per 2-3 giorni. A livello ideale, comunque, il *Rejuvelac* va servito a temperatura ambiente.

Formaggio di semi (ricetta base)

Ingredienti

1 misurino e ½ di germogli di girasole (1 giorno)
½ misurino di germogli di sesamo (1 giorno)
250 ml di *Rejuvelac*

Preparazione. Frullate i germogli e il *Rejuvelac* finché avrete ottenuto una pasta densa. Versate la miscela in un vaso di vetro, coprite con un panno pulito e lasciate riposare per 8-12 ore (maggiore è il tempo di fermentazione, più il sapore sarà intenso). Se non avete in casa il *Rejuvelac*, potrete sostituirlo con un cucchiaio di *miso* (pasta fermentata di soia) e 250 ml d'acqua. Se userete questo metodo, potrebbe tuttavia essere necessario prolungare il tempo di fermentazione a 12-18 ore. Trascorso questo tempo, inserite un cucchiaio nel formaggio ed eliminate il liquido che si è raccolto sul fondo del vaso. Potrete provare a ottenere questo formaggio con le mandorle germinate. Anche le combinazioni di mandorle germinate e germogli di girasole e di sesamo sono molto saporite. Riponete in frigorifero il formaggio che non consumate subito: chiuso in un contenitore ermetico, sarà conservabile per 5 giorni.

Yogurt di semi (ricetta base)

Ingredienti

1 misurino di germogli di girasole (1 giorno)
½ misurino di germogli di sesamo (1 giorno)
500 ml di *Rejuvelac*

Preparazione. Frullate i germogli e il *Rejuvelac* finché la miscela avrà una consistenza cremosa. Versate in un vaso di vetro, coprite con un panno pulito e lasciate riposare per 8-12 ore. Mescolate lo yogurt prima dell'uso. Potrete provare a realizzare anche lo yogurt di mandorle, usando due misurini di mandorle germogliate al posto dei germogli di girasole e di sesamo. Riponete lo yogurt inutilizzato nel frigorifero; come il formaggio di semi si manterrà per diversi giorni se chiuso in un contenitore ermetico.

Bevande

Latte

Latte di mandorla

Ingredienti

½ misurino di germogli di mandorle (1 giorno)
½ misurino di pinoli, messi in ammollo per 6 ore
1 l di acqua di sorgente o filtrata

Preparazione. Mettete nel frullatore i germogli di mandorle, i pinoli e l'acqua e frullate ad alta velocità per 2 minuti. Filtrate la polpa.

Latte di carruba

Ingredienti

1 l di latte di mandorla o di grano
½ misurino di datteri privati del nocciolo e messi in ammollo
2 cucchiai di polvere di carruba

Preparazione. Frullate gli ingredienti ad alta velocità per 2 minuti.

Frappé di sesamo

Ingredienti

1 misurino di germogli di sesamo (1 giorno)
1 l di acqua di sorgente o filtrata
1 banana media
1 cucchiaio di sciroppo d'acero

Preparazione. Frullate i germogli di sesamo con l'acqua ad alta velocità per 3 minuti. Filtrate con un colino a maglia fine per eliminare la polpa, e versate di nuovo il liquido nel frullatore. Aggiungete la banana e lo sciroppo d'acero, frullate a velocità media per 2 minuti e servite ben freddo.

Latte di grano

Ingredienti

1 misurino di germogli di grano (2 giorni)
1-1,5 l di acqua di sorgente o filtrata
½ misurino di uvetta, messa in ammollo

Preparazione. Frullate i germogli di grano con l'acqua per 2 minuti ad alta velocità. Filtrate con un colino a maglia fine per eliminare la polpa e versate di nuovo il liquido nel frullatore. Aggiungete l'uvetta, frullate e passate ancora al colino.

Succhi

Succo di carote e germogli

Ingredienti

6 carote medie, tagliate a pezzi
2 misurini di germogli di alfalfa
1 misurino di germogli di mung
1 misurino di pianticelle di grano saraceno

Preparazione. Mettete tutti gli ingredienti nell'estrattore a bassa velocità e servite subito.

Bevanda verde

Ingredienti

2 misurini di germogli di alfalfa
2 misurini di pianticelle di grano saraceno
2 misurini di pianticelle di girasole
½ misurino di germogli di mung
1 carota media, tagliata a pezzi
1 gambo di sedano
½ cetriolo medio
4 rametti di prezzemolo

Preparazione. Mettete tutti gli ingredienti nell'estrattore a bassa velocità.

Succo di ananas e alfalfa

Ingredienti

½ ananas
1 misurino e ½ di germogli di alfalfa
1 rametto di menta (opzionale)

Preparazione. Private l'ananas della buccia e passate nell'estrattore ad alta velocità. Frullate con gli altri ingredienti ad alta velocità per 1 minuto e servite ben freddo.

Dolce e piccante

Ingredienti

2 misurini di germogli di alfalfa
½ misurino di germogli di cavolo
¼ di misurino di germogli di ravanelli
1 cetriolo medio
1 peperone rosso dolce, tagliato a pezzi
1 carota media, tagliata a pezzi

Preparazione. Mettete tutti gli ingredienti nell'estrattore a bassa velocità.

Frullati

Frullato di mirtilli

Ingredienti

1 l di latte di mandorla (p. 127)
150 g di mirtilli
1 banana media

Preparazione. Frullate gli ingredienti a velocità media per 2 minuti. Servite ben freddo.

Frullato di carruba e cocco

Ingredienti

4 cucchiai di germogli di sesamo (1 giorno)
600 ml di latte di cocco
2 cucchiai di polvere di carruba
1 cucchiaio di miele crudo

Preparazione. Frullate gli ingredienti a velocità media per 2 minuti. Servite ben freddo.

Pesche e crema

Ingredienti

1 l di latte di sesamo (p. 128)
1 pesca, privata del nocciolo e tagliata in quarti
1 cucchiaio di vaniglia

Preparazione. Frullate gli ingredienti a velocità media per 2 minuti. Servite ben freddo.

Spuma di fragole

Ingredienti
- 500 ml di latte di mandorla (p. 127)
- 500 ml di latte di sesamo (p. 128)
- 150 g di fragole, mondate
- 1 cucchiaio di sciroppo d'acero

Preparazione. Frullate tutti gli ingredienti.

Ricette per la colazione

Cereali al gusto di noci

Ingredienti
- 1 misurino di germogli di girasole (2 giorni)
- 1 misurino di germogli di mandorle (1-2 giorni)
- 150 g di uvetta, messa in ammollo
- 500 ml di acqua di sorgente o filtrata, di *Rejuvelac* (p. 125) o di succo di mela

Preparazione. Frullate tutti gli ingredienti per 1 minuto a media velocità.

Cereali croccanti ai pinoli

Ingredienti
- 1 misurino di germogli di grano (2-3 giorni)
- ½ misurino di germogli di sesamo (1 giorno)
- ½ misurino di germogli di segale (2 giorni)
- 1 misurino di pinoli, messi in ammollo per 6 ore
- 1 banana media, a fettine

Preparazione. Mischiate gli ingredienti in una ciotola. Servite con latte di mandorla (p. 127).

Cereali ai germogli di grano e prugne

Ingredienti

8 prugne secche private del nocciolo
3 misurini di germogli di grano (2-3 giorni)
½ mela media
acqua di sorgente o filtrata

Preparazione. Mettete in ammollo le prugne in 250 ml di acqua per una notte. Frullate le prugne e l'acqua dell'ammollo con gli altri ingredienti, aggiungendo acqua fino a ottenere una consistenza simile a quella di una minestra. Per variare, sostituite le prugne con i fichi.

Pane

Pane (ricetta base)

Ingredienti

4-6 misurini di germogli di grano e/o di segale (1 giorno)
1 cucchiaino di semi di carvi

Preparazione. Passate i germogli in un tritatutto, in uno spremifrutta a bassa velocità rimuovendo la vite terminale o in un estrattore Champion, oppure frullateli con un po' d'acqua nel robot. L'estrattore Champion, con l'utilizzo dell'accessorio per l'omogeneizzazione, produce un bell'impasto liscio. Abbiate cura di inserire lentamente i germogli nell'estrattore, in modo che il motore non si surriscaldi. Aggiungete i semi di carvi e pressate l'impasto a formare una piccola pagnotta sottile e simile a una cialda. Posatela su una teglia oliata a bordi bassi o su una griglia e fatela essiccare nell'essiccatore o in un forno a 40 °C. Perché il pane diventi croccante saranno necessarie 12-20 ore.

Chips di banana e cereali

Ingredienti

3 misurini di germogli di grano (1 giorno)
600 ml di *Rejuvelac* (p. 125) o di acqua di sorgente o filtrata
1 banana grande
½ cucchiaino di cannella

Preparazione. Passate al frullatore i germogli di grano e il liquido fino a ottenere una pastella liscia. Aggiungete la banana e la cannella e frullate rapidamente. Versate in teglie oliate a bordi bassi e fate essiccare nell'essiccatore o nel forno a 40 °C per circa 18 ore, o finché le *chips* saranno croccanti. Per variare, provate questa ricetta con 80 g di uvetta messa in ammollo al posto della banana.

Pane di ceci e grano

Ingredienti

2 misurini di germogli di ceci (2 giorni)
2 misurini di germogli di grano (1 giorno)
1 cucchiaino di carvi
1 cucchiaino di tamari

Preparazione. Macinate i germogli di ceci e di grano fino a ottenere un impasto come descritto nella ricetta base per il pane. Aggiungete i condimenti e formate delle cialde che metterete a essiccare nell'essiccatore o nel forno a 40 °C per circa 18 ore o finché sono croccanti.

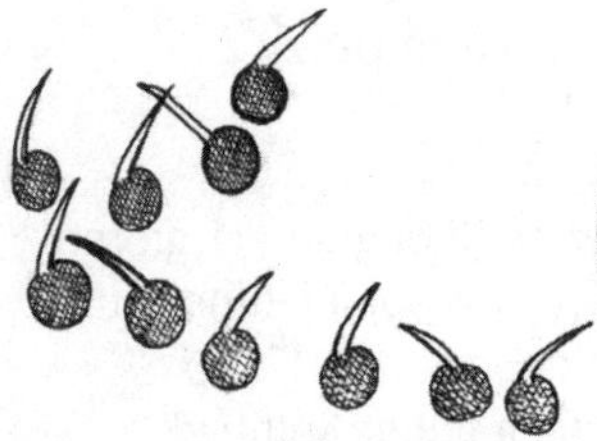

Cialde croccanti di grano

Ingredienti

3 misurini di germogli di grano o di segale (1 giorno)
600 ml di *Rejuvelac* (p. 125) o di acqua di sorgente o filtrata
semi di carvi, cipolle essiccate o altri condimenti (facoltativo)

Preparazione. Frullate tutti gli ingredienti ad alta velocità finché la consistenza sarà cremosa. Versate la pastella in una teglia oliata a bordi bassi, distribuendola per uno spessore di 0,5 cm circa. Fate essiccare nell'essiccatore o nel forno a 40 °C finché le cialde saranno croccanti, il che richiederà circa 18 ore. Rompete le cialde essiccate a pezzetti.

Pane pizza

Ingredienti

4 misurini di germogli di grano (1 giorno)
½ peperone grande rosso, a fettine sottili
½ pomodoro, a cubetti
½ cipolla piccola, a fettine sottili
50 g di olive nere, a fettine sottili
2 spicchi d'aglio, pressati
½ cucchiaino di spezie miste a piacere (origano, basilico ecc.)

Preparazione. Passate i germogli con un po' d'acqua in un tritatutto, nell'estrattore Champion oppure in un robot come descritto nella ricetta base per il pane. Formate delle cialde dello spessore di 0,5 cm e ponetele in una teglia a bordi bassi. Fate essiccare le cialde nell'essiccatore o nel forno a 40 °C per 12 ore o finché sono quasi croccanti. Distribuite sulle cialde gli altri ingredienti e lasciate essiccare per altre 6-8 ore, o finché sia la base, sia i condimenti saranno completamente secchi.

Pane di segale a lievitazione naturale

Ingredienti

3 misurini di germogli di segale (1 giorno)

1 misurino di germogli di grano
1 cucchiaino di semi di carvi

Preparazione. Passate i germogli in un tritatutto o in un estrattore, oppure frullateli in un robot con un po' d'acqua, come descritto nella ricetta base per il pane. Mettete la pasta in una ciotola e aggiungete mescolando i semi di carvi. Coprite con un panno pulito e lasciate a lievitare per una notte. Formate cialde dello spessore di 0,5 cm e ponetele su teglie a bordo basso e fate essiccare nell'essiccatore o nel forno finché saranno croccanti.

Minestre

Minestra di carote

Ingredienti
6 carote medie
½ barbabietola
½ cetriolo medio
½ misurino di germogli di alfalfa

Preparazione. Passate le carote e la barbabietola in un estrattore ad alta velocità. Frullate ad alta velocità con il cetriolo e i germogli per due minuti. Servite con il Pane di segale a lievitazione naturale.

Crema di cavolfiore

Ingredienti
150 g di cimette di cavolfiore (⅓ di un cavolfiore medio)
1 misurino di germogli di lenticchie (3 giorni)

1 misurino di pinoli, messi in ammollo per 6 ore
1 rametto di prezzemolo
½ cucchiaino di cumino
500-750 ml di acqua di sorgente o filtrata

Preparazione. Frullate i primi cinque ingredienti ad alta velocità, aggiungendo acqua fino a ottenere una consistenza cremosa ma densa. Servire con il Pane (ricetta base, p. 133).

Crema di spinaci

Ingredienti

90 g di spinaci
125 g di Yogurt di semi (ricetta base, p. 127) o ½ avocado grande
½ pomodoro medio
1 scalogno
500 ml di acqua di sorgente o filtrata
1 cucchiaio di tamari
10 funghi medi, a fettine sottili

Preparazione. Frullate ad alta velocità tutti gli ingredienti eccetto i funghi finché il composto sarà cremoso. Guarnite le porzioni individuali con le fettine di funghi.

Gazpacho originale

Ingredienti

3 pomodori medi
500 ml di acqua di sorgente o filtrata
1 misurino di germogli di alfalfa
½ cetriolo medio
2 gambi di sedano
½ scalogno
½ spicchio d'aglio
1 rametto di prezzemolo
¼ di cucchiaino di spezie miste a piacere (origano, basilico ecc.)
4 cucchiai di succo di limone
1 pizzico di peperoncino di Cayenna (facoltativo)

Preparazione. Frullate prima i pomodori con l'acqua a velocità media per 1 minuto; poi aggiungete gli altri ingredienti. Servite con germogli di lenticchie e Pane pizza (p. 136).

Minestra di germogli

Ingredienti

1 misurino di pianticelle di grano saraceno
1 misurino di pianticelle di girasole
1 misurino di germogli di alfalfa
1 misurino di germogli di fagioli mung
1 gambo di sedano
1 carota media, tagliata a pezzi
½ cetriolo medio, tagliato in quarti
10 g di prezzemolo
10 g di scalogno, tritato finemente

½ peperone rosso dolce, a cubetti
½ avocado, a cubetti
1 cucchiaio di tamari

Preparazione. Passate tutti gli ingredienti, eccetto lo scalogno, il peperone rosso e l'avocado, in un estrattore a bassa velocità. Aggiungete il tamari, lo scalogno e l'avocado e servite con il peperone rosso tagliato a cubetti e il pane di germogli di grano.

Insalate

INSALATE DI GERMOGLI E ORTAGGI

Insalata di lenticchie al sapore di mare

Ingredienti
2 misurini di germogli di lenticchie (3 giorni)
5 g di alga rossa dulse (secca), tritata
20 g di scalogno, tritato
¼ di pomodoro o di peperone rosso dolce, a cubetti
¼ di gambo di sedano, tritato
¼ di avocado medio, a cubetti
1 cucchiaino di succo di limone
1 cucchiaino di tamari

Preparazione. Mischiate le verdure e l'avocado in un'insalatiera. Miscelate il succo di limone con il tamari e versate sull'insalata.

Germogli e ortaggi marinati

Ingredienti
1 misurino di germogli di fagioli mung
½ misurino di germogli di azuki

½ misurino di germogli di cavolo
½ peperone rosso dolce, a fettine sottili
15 baccelli di taccole, tagliate in quarti
4 foglie medie di cavolo cinese, a listarelle
½ gambo di sedano, tagliato alla julienne
2 spicchi d'aglio, pressato
20 g di scalogno, tritato finemente
60 ml di tamari
3 cucchiai di succo di limone
acqua di sorgente o filtrata

Preparazione. Marinate i germogli e gli ortaggi per 2-4 ore in una miscela di tamari, succo di limone e poca acqua. Girate di tanto in tanto in modo che tutti gli ortaggi siano ben marinati. Servite su un letto di lattuga e guarnite con cubetti di avocado.

Insalata di spinaci

Ingredienti

120 g di spinaci
1 misurino di germogli di fagioli mung
8 funghi medi, a fettine sottili
½ cipolla rossa piccola, tritata finemente
½ misurino di cialde di grano (p. 135), spezzate a formare crostini

Preparazione. Riducete gli spinaci a pezzetti e mischiate con gli altri ingredienti in un'insalatiera. Servite con succo di limone o Condimento cremoso al limone (p. 146)

Insalata dell'orto di germogli

Ingredienti

4 foglie grandi di lattuga romana
1 misurino di germogli di alfalfa
1 misurino di pianticelle di grano saraceno
½ misurino di germogli di lenticchie (3 giorni)
1 pomodoro, a cubetti
½ gambo di sedano, tritato
½ peperone rosso dolce, a cubetti

Preparazione. Riducete la lattuga a pezzetti e mischiate con gli altri ingredienti in un'insalatiera. Servite con succo di limone o Condimento russo (p. 147).

Involtini di insalata

Ingredienti

2 misurini di germogli di alfalfa
1 misurino di germogli di fagioli mung
1 pomodoro, a cubetti
½ avocado medio, a cubetti
1 cucchiaio di tamari
6 foglie esterne di lattuga romana

Preparazione. Mischiate i germogli di alfalfa e di mung con il pomodoro, l'avocado e il tamari. Avvolgete un po' di questa mistura in ogni foglia di lattuga e fermatela con uno stecchino. Servite su un letto di germogli di alfalfa con contorno di crauti.

Insalata di crescione

Ingredienti

1 misurino di germogli di alfalfa
1 cespo piccolo di crescione, tagliato a listarelle
½ gambo di sedano, tritato finemente
½ avocado medio, a cubetti
1 cucchiaio di succo di limone

Preparazione. Mettete tutti gli ingredienti in un'insalatiera e servite con il Condimento verde primavera (p. 148).

Insalata invernale di germogli

Ingredienti

½ misurino di germogli di grano (3 giorni)
½ misurino di germogli di lenticchie (3 giorni)
½ misurino di germogli di alfalfa
½ misurino di pianticelle di grano saraceno
½ misurino di pianticelle di girasole
½ carota media, grattugiata finemente
40 g di cipolla rossa, a fettine sottili

Preparazione. Mischiate tutti gli ingredienti in un'insalatiera. Servite con Condimento al prezzemolo e aglio (p. 147).

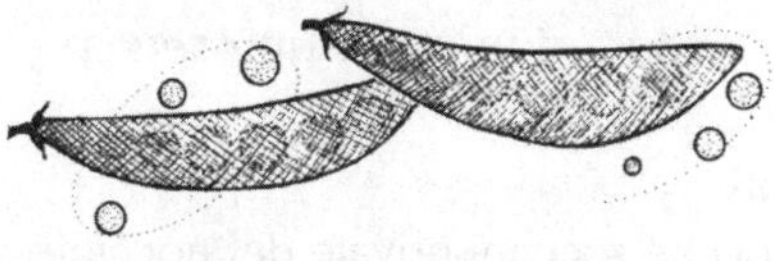

Macedonie di germogli e frutta

Mirtilli con la crema

Ingredienti

60 g di pinoli, messi in ammollo per 6 ore
125 ml di acqua di sorgente o filtrata
1 cucchiaio di sciroppo d'acero
300 g di mirtilli freschi

Preparazione. Frullate i pinoli, l'acqua e lo sciroppo d'acero ad alta velocità per 2 minuti. Versate sulle porzioni individuali di mirtilli freschi.

Macedonia di agrumi e mandorle

Ingredienti

1 arancia media, sbucciata e tagliata a pezzetti
½ pompelmo rosa, sbucciato e tagliato a pezzetti
10 fragole medie, a fettine
125 ml di succo d'arancia
¼ di misurino di germogli di mandorle

Preparazione. Mischiate l'arancia, il pompelmo e le fragole. Frullate il succo d'arancia con le mandorle germogliate per 2 minuti ad alta velocità. Versate sugli ingredienti della macedonia.

Macedonia di frutta secca

Ingredienti

4 albicocche secche, private del nocciolo e tagliate a pezzetti

4 fichi secchi, tagliati a pezzetti
1 pera secca (2 metà), tagliata a pezzetti
8 fette di mela secca, tagliate a pezzetti
½ misurino di germogli di mandorle (1 giorno), tagliati a pezzetti
¼ di misurino di germogli di sesamo (1 giorno)
acqua di sorgente o filtrata

Preparazione. Mettete in ammollo la frutta secca per una notte. Scolate l'acqua e tenetela da parte. Tagliate la frutta secca e mischiatela con i germogli di mandorle. Frullate 60 ml dell'acqua dell'ammollo con i germogli di sesamo per 2 minuti ad alta velocità e versate sugli ingredienti della macedonia.

Macedonia di mele e prugne

Ingredienti

½ misurino di germogli di mandorle, tagliati a pezzetti
2 mele medie, sbucciate e tagliate a cubetti
10 prugne secche, messe in ammollo e tagliate a pezzetti
20 g di cocco grattugiato

Preparazione. Mischiate i germogli di mandorle, le mele e le prugne. Cospargete di cocco grattugiato.

Macedonia tropicale

Ingredienti

1 mango medio, sbucciato e tagliato a cubetti
½ papaya, sbucciata e tagliata a cubetti
1 banana media, a fettine

30 g di pinoli, messi in ammollo per 6 ore
125 ml di succo d'arancia

Preparazione. Mischiate i frutti. Frullate ad alta velocità i pinoli con il succo d'arancia per 2 minuti e versate sulla macedonia.

Condimenti per insalate di germogli e ortaggi

Condimento alla carota

Ingredienti

4 carote medie
1/8 di barbabietola
60 g di noci, messe in ammollo per 6 ore
1 cucchiaio di tamari

Preparazione. Ricavate il succo delle carote e della barbabietola passandole in un estrattore ad alta velocità. Frullate ad alta velocità il succo con gli altri ingredienti finché la miscela sarà liscia e cremosa.

Condimento cremoso al limone

Ingredienti

30 g di pinoli, messi in ammollo per 6 ore
60 ml di acqua di sorgente o filtrata
2 cucchiai di succo di limone
½ cucchiaino di miele crudo

Preparazione. Frullate ad alta velocità gli ingredienti per 2 minuti, finché la miscela sarà cremosa. Per variare, usate i semi di sesamo al posto dei pinoli.

Condimento al prezzemolo e aglio

Ingredienti

½ misurino di germogli di girasole (1 giorno)
10 g di prezzemolo
¼ di spicchio d'aglio
150 ml di acqua di sorgente o filtrata
2 cucchiai di succo di limone
1 cucchiaino di tamari

Preparazione. Frullate ad alta velocità tutti gli ingredienti finché la miscela sarà cremosa.

Condimento russo

Ingredienti

½ misurino di germogli di zucca (1 giorno)
¼ di barbabietola
⅛ di scalogno
150 ml di acqua di sorgente o filtrata
1 cucchiaino di tamari

Preparazione. Frullate ad alta velocità tutti gli ingredienti per 2 minuti. Servite con l'Insalata dell'orto di germogli (p. 142)

Condimento piccante al ravanello

Ingredienti

¼ di misurino di germogli di alfalfa
¼ di misurino di germogli di ravanello
¼ di pomodoro, tagliato a pezzi
¼ di peperone rosso dolce, tagliato a metà

1 pizzico di peperoncino di Cayenna
80 ml di acqua di sorgente o filtrata
1 cucchiaino di tamari

Preparazione. Frullate ad alta velocità tutti gli ingredienti per 2 minuti.

Condimento verde primavera

Ingredienti
10 g di spinaci
¼ di misurino di germogli di alfalfa
¼ di pomodoro, tagliato a pezzi
¼ di avocado medio, tagliato a cubetti
¼ di scalogno
150 ml di acqua di sorgente o filtrata
1 cucchiaio di tamari

Preparazione. Frullate ad alta velocità tutti gli ingredienti per 2 minuti.

Antipasti

Hummus di ceci

Ingredienti
2 misurini di germogli di ceci (2 giorni)
½ misurino di germogli di sesamo (1 giorno)
¼ di gambo di sedano, a dadini
1 spicchio di aglio, pressato
350 ml di acqua di sorgente o filtrata
2 cucchiai di succo di limone
2 cucchiaini di tamari

Preparazione. Passate nel tritatutto, nel frullatore o nel robot i germogli di ceci e di sesamo finché avranno una consistenza cremosa. Aggiungete gli altri ingredienti e mescolate bene.

Crocchette di lenticchie

Ingredienti

3 misurini di germogli di lenticchie (3 giorni)
1 carota grande, grattugiata finemente
1 scalogno, tritato finemente
1 misurino e ½ di Formaggio di semi (ricetta base, p. 126)
¼ di cucchiaino di cumino

Preparazione. Passate nel robot i germogli di lenticchie, versate in una ciotola e mescolate con le verdure e con il formaggio di semi. Aggiungete mescolando le spezie e formate con il composto delle crocchette (con le dosi di questa ricetta ne ricaverete circa 12). Servite su un letto di lattuga e pomodori.

Guacamole piccante

Ingredienti

3 avocado medi
¼ di misurino di germogli di ravanello
2 cucchiai di succo di limone
1 spicchio d'aglio, pressato

Preparazione. Schiacciate l'avocado con la forchetta e mescolatelo agli altri ingredienti. Servite con la vostra insalata preferita.

Polpettone di germogli

Ingredienti

1 misurino di germogli di mandorle macinati grossolanamente (farina di mandorle)
½ misurino di germogli di fagioli mung
½ misurino di germogli di alfalfa
½ misurino di germogli di cavolo
¼ di peperone rosso dolce, tagliato a cubetti
¼ di gambo di sedano, tritato
1 cucchiaio di tamari
acqua di sorgente o filtrata

Preparazione. Amalgamate gli ingredienti con una quantità d'acqua sufficiente a legare il composto e a formare un polpettone. Disponete intorno al polpettone foglie di lattuga e ortaggi tagliati a fettine e servite.

Peperoni ripieni

Ingredienti

1 misurino di germogli di alfalfa
1 misurino di germogli di lenticchie
½ avocado medio, schiacciato
1 cucchiaino di tamari
4 peperoni verdi o rossi dolci, svuotati

Preparazione. In una ciotola, mischiate i germogli, l'avocado, il tamari e il succo di limone. Riempite con il composto i peperoni svuotati e servite su un letto di germogli di alfalfa.

Dessert

Strudel di mele

Ingredienti

Base

30 g di noci, messe in ammollo per 6 ore
12 datteri medi privati del nocciolo e schiacciati

Ripieno

1 mela, tagliata a pezzetti
30 g di uvetta, messa in ammollo
30 g di noci, messe in ammollo per 6 ore
½ cucchiaino di cannella
2 cucchiai di sciroppo d'acero
1 cucchiaino di succo di limone

Preparazione. Macinate le noci per la base e per il ripieno in un tritatutto, in un robot o in un frullatore. Mischiate bene gli ingredienti del ripieno e mettete da parte. Per la base, amalgamate bene gli ingredienti con le mani. Con il mattarello stendete la crosta fra due fogli di carta oleata fino a ottenere uno spessore di circa 0,5 cm e tagliate in rettangoli di 12 x 30 cm. Distribuite il ripieno in modo uniforme su ogni rettangolo, avendo cura di coprire anche i bordi dell'impasto. Arrotolate i rettangoli a formare lo strudel, tagliate a pezzi da 5 cm e cospargete di farina di mandorle.

Crostata di crema alla banana

Ingredienti

Base

½ misurino di germogli di mandorle
½ misurino di germogli di grano
1 banana
1 cucchiaio di miele crudo
1 cucchiaino di olio d'oliva

Ripieno

4 banane
1 avocado maturo, privato del nocciolo
2 cucchiaini di succo d'ananas
½ cucchiaino di vaniglia

Per la crema

60 g di pinoli, messi in ammollo per 6 ore
125 ml di acqua di sorgente o filtrata
1 cucchiaio di sciroppo d'acero

Preparazione. Per la crosta, macinate le mandorle e mischiatele con gli altri ingredienti. Premete l'impasto su uno stampo da crostata oliato. Con una forchetta schiacciate gli ingredienti del ripieno, mischiate bene e riempite la base. Frullate i pinoli, l'acqua e lo sciroppo d'acero e versate la crema così ottenuta sulla crostata. Cospargete di scaglie di cocco e servite ben fredda.

Gelato di banana e pinoli

Ingredienti

4 banane
60 g di pinoli, messi in ammollo per 6 ore
1 cucchiaino di sciroppo d'acero
¼ di cucchiaino di vaniglia

Preparazione. Sbucciate le banane, mettetele in un sacchetto di plastica e surgelatele per una notte. Le banane surgelate si conservano per 2 settimane nel freezer. Passate le banane e i pinoli in un estrattore Champion con l'accessorio per l'omogeneizzazione inserito (oppure usate un frullatore o un robot). La consistenza dovrebbe essere simile a quella di un gelato soffice. Aggiungete mescolando la vaniglia e lo sciroppo d'acero. Il Gelato di banana e pinoli si può consumare subito, o si può mettere nel freezer per altri 30 minuti prima di essere servito.

Pudding di carruba

Ingredienti

½ misurino di germogli di mandorle
350 ml di acqua di sorgente o filtrata
12 datteri medi privati del nocciolo
5 cucchiaini di farina di carruba
1 cucchiaio di miele crudo

Preparazione. Frullate i germogli di mandorle con l'acqua. Aggiungete gli altri ingredienti e frullate ad alta velocità finché il composto avrà una consistenza cremosa.

Caramelle di frutta secca

Ingredienti

6 datteri medi privati del nocciolo
60 g di uvetta
6 fichi secchi medi
4 cucchiai di acqua di sorgente o filtrata
2 cucchiai di sciroppo d'acero
1 misurino di germogli di girasole tritati grossolanamente (farina)

Preparazione. Passate la frutta secca in uno spremifrutta a bassa velocità, in un tritatutto o nel robot. Con il composto così ottenuto formate delle palline dal diametro di 2-3 cm e mettetele da parte. Mescolate l'acqua e lo sciroppo d'acero in una ciotola bassa. Tuffate le palline di frutta secca nel liquido e poi fatele rotolare nella farina di germogli di girasole finché ne saranno completamente ricoperte.

Golosità ai germogli di grano

Ingredienti

1 misurino di germogli di grano (2 giorni)
¼ di misurino di germogli di mandorle
12 datteri privati del nocciolo
60 g di cocco tritato
¼ di misurino di semi di sesamo, macinati finemente
1 cucchiaio di succo d'arancia
1 cucchiaino di scorzetta di limone, grattugiata

Preparazione. Passate i germogli, i datteri e il cocco in uno spremifrutta a bassa velocità, in un tritatutto o nel robot. Amalgamate con gli altri ingredienti. Date alle Golosità ai germogli di grano la forma desiderata e refrigerate prima di servire.

Capitolo 9

Germogli per chi viaggia e per gli animali domestici

«Poi Dio disse: "Ecco, io vi do ogni erba che produce seme e che è su tutta la terra e ogni albero in cui è il frutto, che produce seme: saranno il vostro cibo"».

GENESI 1,29

Poiché i germogli freschi sono un elemento chiave di qualsiasi dieta davvero sana, è importante averli a disposizione – per il proprio consumo e per quello degli animali di casa – ovunque si vada. In questo capitolo troverete alcuni consigli pratici che dimostrano quanto la coltivazione "itinerante" dei germogli possa essere facile e divertente. Con la fatica e la tensione che i viaggi spesso comportano, è essenziale nutrirsi in modo qualitativamente adeguato. Anche i nostri animali domestici possono trarre beneficio dalle vitamine, dai minerali, dagli enzimi e dall'energia che i germogli dispensano. Nella seconda parte di questo capitolo presenterò alcune semplici linee guida per alimentare gli animali di casa con i germogli.

Viaggiare con i germogli

Il modo più pratico per viaggiare con i germogli è coltivarne alcuni prima della partenza, in modo da poterli portare con sé, e avviare un'altra produzione durante il viaggio. Come ho già accennato nel Capitolo 6, il metodo più semplice da praticare in viaggio è quello dei sacchetti germogliatori. Sono pratici in qualsiasi luogo e in qualsiasi momento e indipendentemente da qualsiasi modalità di locomozione. Durante gli spostamenti, i sacchetti potranno essere temporaneamente sigillati in buste di plastica e riposte insieme ai bagagli.

Estraete i sacchetti germogliatori due o tre volte al giorno, sciacquate i germogli in acqua fresca e scolate l'acqua in eccesso, dopodiché potrete appenderli o riporli nelle buste di plastica. Cercate sempre di maneggiare i germogli con la massima delicatezza ed evitate di schiacciarli. Inoltre, tenete presente che una prolungata esposizione a un forte calore o alla luce diretta del sole può danneggiarli. Se accuditi in modo adeguato, comunque, i germogli maturano nello stesso periodo di tempo indicato per la coltivazione in casa.

La coltivazione nei sacchetti è ideale per il campeggio, per i viaggi in barca, per le escursioni a piedi e per il cicloturismo. Una busta di plastica, con un sacchetto germogliatore al suo interno si potrà legare all'esterno di uno zaino, o mettere in una tasca laterale. È bene tenere a portata di mano i germogli, perché forniscono gli ingredienti essenziali e l'energia necessaria per affrontare attività fisiche intense all'aperto.

Se si viaggia in macchina, può essere utile portare con sé qualche vaso di vetro per i germogli e qualche vaschetta per la coltivazione delle pianticelle. Se si tiene sempre presente che l'abitacolo di un'automobile si può riscaldare molto in fretta, e se si ha cura di non esporre troppo a lungo le pianticelle alla luce diretta del sole, le coltivazioni daranno sicuramente buoni risultati. Se porterete con voi anche una borsa termica piena di germogli maturi, ortaggi freschi, frutta, condimenti per insalate a base di alimenti vivi e altre provviste, con un disturbo minimo avrete a portata di mano una fonte affidabile di cibo nutriente.

Quando viaggio, porto sempre con me una gran varietà di semi e di germogli già pronti. Durante i miei frequenti viaggi in aereo, gli altri passeggeri mi guardano con invidia mentre condisco l'insalata nella ciotola che porto con me. Germogli freschi, qualche fetta di pomodoro e una spruzzata di condimento preparato a casa: il mio è un pasto regale. L'esperienza dimostra che nessuno è obbligato a consumare un poco appetibile pasto preconfezionato che causa indigestione e un gran senso di spossatezza una volta atterrati. I germogli si possono portare ovunque, e questo può rendere tutti più sani e felici.

Germogli per gli animali di casa

Da anni ormai nutro i miei cani e i miei gatti con semi e legumi germogliati, perché questi animali soffrono inutilmente di molte malattie "umane". A parte noi uomini, sono gli unici esseri viventi sulla Terra a consumare cibi cotti. Eppure è evidente che gli alimenti freschi sono quelli che desiderano mangiare e di cui hanno bisogno. Raramente i nostri animali rinunciano a mangiare l'erba e le foglie verdi, anche se a volte causano loro tosse e conati.

Qualora se ne integri l'alimentazione con germogli e altri alimenti vivi, ogni tipo di animale domestico può evitare la sofferenza e la malattia per tutta la vita; in molti casi, si riesce addirittura a tenere sotto controllo e a far regredire le malattie già in atto.

Gli animali domestici moderni, non diversamente dagli uomini moderni, hanno bisogno di germogli, ma a volte è difficile farglielo capire! Tuttavia, grazie a questa dieta i miei animali hanno sempre goduto di ottima salute: hanno un manto sano e lucente, una vista eccellente e un carattere mite. Se sarete pazienti, potrete ottenere lo stesso risultato e offrire ai vostri animali tutti i benefici dei germogli insegnando loro a nutrirsene.

Cominciate aggiungendo gradualmente germogli e ortaggi crudi alla dieta dei vostri piccoli amici. Poiché i cani e i gatti notoriamente divorano il cibo senza quasi masticarlo, è importante tagliare germogli e ortaggi a pezzettini prima di mischiarne circa quattro cucchiai (o più) al cibo in scatola o alle crocchette che costituiscono la loro dieta abituale. Non arrendetevi subito, se il vostro animale mangia un boccone e poi si allontana senza più interesse: potrebbe non avere fame, o essere riluttante nei confronti di un alimento dal sapore e dall'aroma poco familiari. Fate solo in modo che la ciotola rimanga accessibile, e il vostro animale domestico vi tornerà quando avrà fame.

Con animali particolarmente difficili potrebbe essere necessario cominciare con dosi inferiori di germogli tritati. Non forzate mai un animale a consumare questi ingredienti salutari: in un atteggiamento di testardaggine potrebbe rifiutare di mangiare qualsiasi cosa, e nella maggior parte dei casi, un animale cocciuto, spinto per metà dalla fame e per metà dalla rabbia ha più capacità di resistenza del suo padrone, che cede alla frustrazione e finisce per arrendersi. Per migliorare la salute del vostro animale domestico, aumentate gradualmente la quantità di germogli nel suo cibo abituale.

Nel giro di poche settimane, probabilmente il vostro beniamino sarà disposto a mangiare fino a mezzo misurino di germogli al giorno (forse di più, a seconda delle dimensioni e dell'appetito) – una dose sufficiente a compensare le carenze alimentari del moderno cibo per animali – e lo farà senza troppe storie. Quando gli animali che dipendono da noi per bisogni come il cibo, il riparo e l'affetto sono più sani (grazie al consumo di germogli), sono anche più felici. E i padroni anche.

Epilogo

Germogli: cibo per una nuova generazione

«Ho visto il primo e l'ultimo […]. Ho visto il principio e adesso vedo la fine».

WILLIAM FAULKNER

Negli anni, la popolarità dei germogli è cresciuta costantemente, e oggi è chiaro che questi alimenti sono destinati a restare nella nostra vita. Ora che un pubblico più numeroso ha acquisito consapevolezza del valore nutrizionale ed economico dei germogli, la reazione è la stessa delle tante persone che negli anni hanno partecipato alle mie conferenze: tutti mi chiedono quando possono cominciare a coltivare e a utilizzare i germogli.

La risposta, naturalmente, è: adesso. Nel giro di pochissimi giorni, voi e le vostre famiglie potrete gustare il sapore di questi alimenti e godere dei loro benefici. Data la disponibilità sul mercato dei germogliatori automatici e la facilità di approvvigionamento dei semi, la produzione di germogli è accessibile a tutti, indipendentemente dagli impegni e dallo stile di vita. Mi auguro sinceramente che le informazioni contenute in questo libro contribuiscano a eliminare qualunque potenziale confusione o problema che si possa incontrare nella pratica effettiva.

Sin dalla fine degli anni Cinquanta ho insegnato a migliaia di persone a coltivare a casa il proprio cibo. Chi ha visitato la Ann Wigmore Foundation di Boston è spesso rimasto sorpreso e ammirato nel vedere quanto cibo una sola persona può concretamente coltivare: abbastanza da nutrire venti persone in qualunque momento. E con un dispendio minimo di tempo! Ma coltivare a casa una parte dei propri alimenti vivi è una delle cose più importanti che si possa fare: in questo modo si controlla la propria dieta e al tempo stesso la propria salute. I vantaggi di questo controllo totale sulla nostra alimentazione sono evidenti, giacché il cancro, le cardiopatie e altre malattie degenerative sono collegate ad abitudini alimentari inadeguate.

Gli alimenti vivi – i germogli, le pianticelle, l'erba di grano, gli ortaggi e la frutta fresca – sono la chiave per un corpo sano e una vita più lunga e soddisfacente. Possono proteggerci dai danni provocati dalla malattia rafforzando il nostro sistema immunitario. Inoltre, gli alimenti vivi facilitano il metabolismo, mantenendoci internamente puliti ed equilibrati. I meccanismi biologici come l'organismo umano non possono godere della massima salute e nemmeno sopravvivere con un'alimentazione a base di quei cibi sintetici e chimici che rappresentano più della metà della dieta corrente nel mondo occidentale. L'assenza di alimenti vivi nella tipica dieta moderna sarà fatale a molti, ma se state leggendo queste righe potrete fare qualcosa per evitare un simile destino.

Attualmente negli Stati Uniti c'è un movimento ben radicato che promuove alimenti e prodotti per il corpo di origine "naturale", e benché questo cambiamento della consapevolezza sia piuttosto lento, sta comunque portando nella giusta direzione. Molti eminenti nutrizionisti, leader politici, personaggi dello spettacolo e medici stanno indicando la strada adottando (e conducendo) uno stile di vita più naturale. Tuttavia, nonostante molti dei cosiddetti alimenti biologici siano prodotti naturali, non sono pervasi di energia vitale. Anni di lavoro nel campo del benessere mi hanno insegnato che gli alimenti devono essere consumati crudi, per ottenerne tutti i benefici per la salute. Finché i nutrizionisti e i ricercatori scientifici come gruppo non riconosceranno l'importanza degli alimenti vivi (biogenici e bioattivi) la nostra società è destinata a essere afflitta dalle migliaia di malattie di cui oggi soffriamo.

Il problema della fame e della malnutrizione nel mondo non si può risolvere con cibi sintetici come il latte in polvere o con la carne: è proprio la produzione di carne, di latte e di altri alimenti di origine animale a essere in grande misura responsabile di queste minacce. Infatti per produrre mezzo chilo di carne o di formaggio occorrono terra ed energia (petrolio, gas, elettricità ecc.) in misura trenta volte superiore rispetto a quanto serve per coltivare mezzo chilo di germogli.

Un altro motivo per cui la carne e il latte non sono efficaci per combattere la fame nel mondo è che questi alimenti sono fonti inadeguate di carboidrati, la principale fonte di energia. Nella vita quotidiana, l'organismo ha maggior bisogno di carboidrati, che producono energia, anziché di proteine e di grassi, che forniscono materiale per la crescita e la riparazione. Non è lontano il giorno in cui i Paesi in via di sviluppo faranno della necessità di alimentare la popolazione una priorità assoluta, e quando quel giorno verrà, i germogli saranno una scelta logica per assolvere a questo importante compito. Nella maggior parte dei casi, le eccedenze di semi e di legumi per la produzione di germogli sono disponibili: ciò che manca sono solo le informazioni sul loro impiego in forma germogliata.

Non c'è operazione chirurgica, pillola, terapia, né quantità di denaro che ci possa dare la salute: solo il desiderio e la volontà di conoscere meglio la natura e di abbracciarne le leggi possono assolvere a questo compito. Ciò significa che dobbiamo consumare alimenti come i germogli, le verdure a foglia verde, l'erba di grano, la frutta e gli ortaggi, con tutte le relative sostanze nutritive ancora intatte, nel loro stato vivo e naturale, e in questa classifica degli alimenti vitali, i germogli sono i primi assoluti.

In questo libro ho presentato alcuni dei modi in cui i germogli possono ricoprire un ruolo importante per l'alimentazione e la salute degli esseri umani in ogni parte del mondo. Ancor più degli altri alimenti vivi, i germogli hanno il potenziale di avviare ciascuno di noi verso l'indipendenza in fatto di dieta e salute. Coltivandoli e consumandoli possiamo imparare ad assumerci la responsabilità della risorsa più importante che possediamo: il nostro corpo e il suo benessere. Volete oggi unirvi a me (e a migliaia di altre persone in tutto il mondo) e cominciare a coltivare e a consumare una gran varietà di germogli freschi e dispensatori di vita?

Per ulteriori informazioni
sui germogli e sull'Ann Wigmore Institute,
è possibile rivolgersi a:

Ann Wigmore Institute
P.O. Box 429
Rincon, PR 00677
Tel.: ++(787) 868-6307
Fax: ++(787) 868-2430
http://www.annwigmore.org

Ann Wigmore Foundation
O.O. Box 399
San Fidel, NM 87049
++(505) 552-0595
http://www.wigmore.org

Indice analitico

G

H

I

R

S

Indice

Ai lettori di Macro Edizioni

Questo libro è pubblicato nella collana "I Macro Tascabili del Benessere" di Macro Edizioni. Il Gruppo Editoriale Macro pubblica circa 100 nuovi libri ogni anno con diversi marchi: Macro Edizioni, Macro Junior, Essere Felici, Macro Video, Bis, Arianna.

Per tutti voi *che cercate nuove tecniche per vivere bene la vostra vita e sperimentare un benessere più profondo...*
Per tutti voi *che desiderate realizzare i vostri sogni...*
Per tutti voi *che siete aperti alle novità, pronti a rivedere le vostre convinzioni e a modificare le vostre vecchie abitudini...*

... sul nostro catalogo potete trovare oltre 800 libri e DVD sui temi più nuovi e richiesti del momento: la spiritualità, la trasformazione di sé, la salute del corpo, della mente e dello spirito, le nuove scienze e l'antica saggezza, le tante arti della guarigione... Questi e tanti altri gli argomenti di cui la nostra Casa Editrice è portavoce e che **vorrebbe condividere con voi.**

Scrivete a: GRUPPO EDITORIALE MACRO,
Via Giardino 30, 47522 Cesena (FC)
visitate il nostro sito internet per essere aggiornati sulle nostre novità:
www.gruppomacro.com

Il catalogo completo può essere consultato su **www.gruppomacro.com**, oppure richiesto a **ordini@gruppomacro.com**

SCHEDA
Bibliografica

Wigmore, Ann
Germogli: Tutto quello che devi sapere su: come coltivarli, le ricette, i principi nutritivi, i benefici per la salute
Cesena (FC):
Macro Edizioni, 2015.

Tit. orig.: The Sprouting Book
Traduzione: Paola Barberis

176 pp.; 17 cm

(I Macro Tascabili del Benessere)

ISBN 978-88-6229-757-8

1. Medicina Alternativa

CDD 615.324

GRATUITO!